Kirsten Beckmann
Heiko Beckmann

50 + 1 NEUE RÄTSEL IM FRANZÖSISCHUNTERRICHT

Aulis Verlag Deubner

Bibliografische Information Der Deutschen Bibliothek

Die Deutsche Bibliothek verzeichnet diese Publikation in der Deutschen Nationalbibliografie;
detaillierte bibliografische Daten sind im Internet über <http://dnb.ddb.de> abrufbar.

Heiko Beckmann, StD
Fachleiter für Französisch am Studienseminar Jülich
Fachleiter für Französisch und Latein am Ritzefeldgymnasium in Stolberg

Dr. *Kirsten Beckmann,* OStR'
Fachlehrerin für Französisch, Englisch und Italienisch
am Friedrich-Wilhelm-Gymnasium in Trier

Best.-Nr. 5188

Satz: media.design, Neumünster
Printed in the European Community
ISBN 978-3-7614-2625-8

Inhaltsverzeichnis

No		Vocabulaire	Grammaire	Civilisation	Littérature
26	Le „de“ partitif – Faire les courses		x		
27	Actif – passif		x		
28	Des participes passés II		x		
29	Les nombres		x		
30	Des prépositions		x		
31	Le subjonctif II		x		
32	La Normandie			x	
33	Des villes I			x	
34	L'organisation des pouvoirs			x	
35	Des départements			x	
36	La Côte d'Azur			x	
37	Le calendrier des fêtes			x	
38	Un peu d'histoire			x	
39	Des villes II			x	
40	Des fleuves			x	
41	Peintres et compositeurs			x	
42	Le film français			x	
43	Auteurs et poètes				x
44	Des oeuvres littéraires				x
45	Des auteurs français I				x
46	Littérature				x
47	Des auteurs français II				x
48	Poème				x
49	Des auteurs et leurs oeuvres				x
50	Des auteurs et des termes littéraires				x
51	Le style – Maupassant, La parure				x

Vorwort

Mit dem vorliegenden Band werden 51 neue Rätsel für den Französischunterricht der Sekundarstufe I und II vorgelegt.

Wie bereits im ersten Band ausgeführt trägt das Lösen von Rätseln zum Lernfortschritt der Schüler bei und erhöht gleichzeitig ihre Lernmotivation durch den Unterhaltungswert. Dabei können die Rätsel sowohl vorentlastenden Charakter haben als auch zum Einüben und Festigen des Lernstoffes dienen.

Allerdings sollte der Aspekt der Motivation, die im Genus des Rätsels selbst liegt, nicht vernachlässigt werden:

1. Die Lernenden sollen durch das Einbringen ihres bereits vorhandenen Wissens und durch das Nachforschen nach noch Unbekanntem in Verbindung mit dem eigenen Kombinationsvermögen möglichst selbstständig zu der Lösung gelangen.

2. Dabei liegt es durchaus in der Absicht der Unterrichtenden, dass die Schülerinnen und Schüler sich einschlägiger Hilfsmittel und der modernen Medien bedienen, um auch daraus einen Nutzen für ihr eigenständiges und selbsttätiges Lernen zu ziehen. Dem Zielbereich der Methodenschulung in allen Unterrichtsstufen wird auf diese Weise Rechnung getragen.

3. Die Beschäftigung mit den hier vorgelegten Rätseln fördert ebenso das kreative Vermögen der Lernenden, einmal durch die beigefügten Zusatzaufgaben, aber besonders durch die stets vorhandene Möglichkeit, dass die Schülerinnen und Schüler aufgefordert sind, selbst Rätsel in Einzel-, Partner- oder Gruppenarbeit zu entwerfen und somit der Forderung nach Handlungsorientiertheit nachzukommen.

Die hier vorgelegten Rätsel sind im Unterricht erprobt worden; sie decken bewusst unterschiedliche Schwierigkeitsgrade ab, um den detektivischen Spürsinn der Lernenden zu stimulieren und um neben dem motivationalen Aspekt auch dem Lernfortschritt gerecht zu werden. Dabei sind Rätsel dazu geeignet, Barrieren im Lernprozess zu überwinden und Neugier zu wecken.

Natürlich ist es der jeweiligen Lehrerin oder dem Lehrer überlassen, an welcher Stelle sie/er das einzelne Rätsel einsetzt, denn nur sie oder er kann den Lernstand ihrer oder seiner konkreten Lerngruppe einschätzen und somit eine Unter- oder Überforderung verhindern.

Vor diesem Hintergrund soll das Inhaltsverzeichnis eine gewisse Orientierung bieten. Es ist nach den Aspekten vocabulaire, grammaire, civilisation und littérature gegliedert, wobei sich die Bereiche mitunter überschneiden und gibt, wenn es geboten erscheint, auch bereits inhaltliche Schwerpunkte an.

Zur Gestaltung des Bandes ist weiterhin folgendes auszuführen:

1. Eine große Anzahl der neuen Rätsel ist sowohl in der SI als auch in der SII einzusetzen, was nicht für die literarisch orientierten Rätsel gilt, die weitgehend der Oberstufe zuzuordnen sind. Allerdings kann man sich vorstellen, dass unter Hinzuziehen der entsprechenden Hilfsmittel auch die Lernenden der Übergangsstufe schon zu einer Lösung kom-

men können. Es sollte auf jeden Fall nicht auf den Bereich der Literatur verzichtet werden, da er wesentlicher Bestandteil der Kultur unseres Nachbarlandes ist und einen großen Raum im Französischunterricht einnimmt.

2. Die einzelnen Rätsel sind zumeist individuell zu modifizieren, dies auch im Sinn einer Erleichterung oder didaktischen Reduktion, indem die Möglichkeit für die Unterrichtenden besteht, Teillösungen vorzugeben oder in anderer Form Hilfestellung zu leisten.

3. Die Rätsel sind lehrbuchunabhängig einzusetzen, können jedoch ohne irgendeine Schwierigkeit auch in die Arbeit mit den jeweiligen Lehrwerken integriert werden.

4. Sinnvollerweise sollte die Beschäftigung mit Rätseln in jedem Unterricht ihren Platz finden; sie eignet sich aber auch durch die abgeschlossene und begrenzte Form und durch die Möglichkeit schülerautonomer Arbeit besonders für Vertretungsstunden, wobei die jeweiligen Lehrer didaktisch steuernd vorher eingreifen können, oder aber für die Freiarbeit. Auch können sie ohne großen Aufwand in ein „Lernen an Stationen" integriert werden.

5. Der Aufbau des Rätselbandes orientiert sich an dem bewährten Muster einer fiche de travail (Schülerseite), die in entsprechender Anzahl kopiert werden kann, und der solution (Lösungsseite), die neben der Auflösung des Rätsels – falls möglich – auch Vorschläge für die Bearbeitung der Zusatzaufgaben liefert.

Neben allen fachdidaktisch und -methodisch relevanten Überlegungen sollten die Rätsel vor allem Spaß machen, den Unterricht ein wenig auflockern und beleben und die Begeisterung für das Fach Französisch steigern. Der mit der Lösung der Rätsel verbundene Wettbewerbscharakter und die Lust der Lernenden am Problemlösen dürften für die Konzentration und eine intrinsische Motivation hilfreich sein.

In diesem Sinn wünschen die Verfasser sowohl den Kollegen als auch den Schülerinnen und Schülern viel Freude an der Arbeit mit den Rätseln.

Stolberg/Trier, im November 2006

Kirsten Beckmann
Heiko Beckmann

1 Fiche de travail

Qu'est-ce que c'est?

Qu'est-ce que c'est? Cherchez le mot exact et écrivez le mot avec l'article indéfini. A la fin de la ligne, vous trouverez un chiffre entre parenthèses. Ce chiffre vous indiquera la lettre du mot exact que vous devez noter (ex.: un chat (3) – la lettre est: a). Notez les neuf lettres, mettez les lettres dans l'ordre correct et vous aurez la solution: C'est un mot que vous dites à une personne qui vient chez vous.

C'est ________________________________ (2)

C'est ________________________________ (5)

C'est ________________________________ (3)

C'est ________________________________ (5)

C'est ________________________________ (6)

C'est ________________________________ (6)

C'est ________________________________ (6)

C'est ________________________________ (3)

C'est ________________________________ (3)

1. Ecrivez une petite histoire à l'aide de quatre mots choisis ci-dessus.

Qu'est-ce que c'est?

Das Rätsel kann bereits im 1. Jahr des Französischunterrichts eingesetzt werden, da es Lexeme aus dem Anfangsvokabular der gängigen Lehrbücher enthält.

C'est (une) f**e**mme

C'est (un) homm**e**

C'est (un) ch**i**en

C'est (un) arbr**e**

C'est (un) crayo**n**

C'est (un) oisea**u**

C'est (une) maiso**n**

C'est (un) li**v**re

C'est (une) ta**b**le

Le mot à trouver est „Bienvenue".

Möglichkeiten für weitere Aufgaben:

1. Maintenant, c'est à vous de dessiner quelques mots que votre voisin doit deviner.

2. Faites un dialogue entre vous et la personne qui vous rend visite. Vous pourriez commencer par le mot à trouver comme solution de cette énigme.

Le désordre des lettres

Un petit diable a mis les lettres des mots suivants dans le désordre. C'est à vous de reconstituer les mots corrects. Les lettres initiales lues de haut en bas indiquent un célèbre ingénieur français (1832–1923).

1. aegirtu ______________________
2. einsu ______________________
3. iors ______________________
4. eééhlnopt ______________________
5. acennno ______________________
6. eiortuv ______________________
7. eeelmpx ______________________
8. cceeeirx ______________________
9. eeiinrtvw ______________________
10. eêft ______________________
11. aefillm ______________________
12. aceeirls ______________________
13. abeiiilrr ______________________

L'ingénieur recherché est ______________________________

1. Notez l'article indéfini devant les substantifs pour indiquer leur genre.
2. C'est à vous de trouver d'autres exemples que votre voisin devra déchiffrer.
3. Consultez Internet. Qu'est-ce que vous allez trouver sur l'ingénieur dont il est question?

Le désordre des lettres

Das Rätsel kann ohne weiteres bereits im 1. Jahr des Französischunterrichts eingesetzt werden.

1. (une) **g**uitare
2. (une) **u**sine
3. (un) **s**oir
4. (un) **t**éléphone
5. (une) **a**nnonce
6. (une) **v**oiture
7. (un) **e**xemple
8. (un) **e**xercice
9. (une) **i**nterview
10. (une) **f**ête
11. (une) **f**amille
12. (un) **e**scalier
13. (une) **l**ibrairie

L'ingénieur recherché est Gustave Eiffel.

Gustave Eiffel – un des meilleurs spécialistes de l'architecture du fer. Il a construit la tour Eiffel qui se trouve à Paris et qui a une hauteur de 320 mètres. Il est aussi l'architecte de l'ossature (Gerippe) de la statue de la Liberté, à New York.

Cherchez l'intrus

Dans chaque groupe de mots, il y a un mot qui ne va pas bien avec les autres. Les lettres initiales de ces mots, lues de haut en bas, indiquent un musée de Paris. Alors, c'est à vous d'inventer d'autres exemples.

1. dimanche – jeudi – lire – mardi

   ____

2. parler – discuter – répondre – entrer

   ____

3. livre – chien – chat – vache

   ____

4. chez – avec – oui – dans

   ____

5. le – un – la – les

   ____

6. cousin – père – tante – ville

   ____

7. robe – copain – ami – camarade

   ____

8. courir – embrasser – marcher – aller

Le musée recherché est ___________________________

Cherchez l'intrus

Das Rätsel kann am Ende des 1. Jahres Französisch, z.B. vor oder nach den Ferien, als allgemeine Wiederholung eingesetzt werden.

1. dimanche – jeudi – **lire** – mardi
2. parler – discuter – répondre – **entrer**
3. **livre** – chien – chat – vache
4. chez – avec – **oui** – dans
5. le – **un** – la – les
6. cousin – père – tante – **ville**
7. **robe** – copain – ami – camarade
8. courir – **embrasser** – marcher – aller

Le musée recherché est «Le Louvre».

Weitere mögliche Aufgabe:
Notez sur la ligne le terme générique (Oberbegriff) pour les trois mots qui vont ensemble (ex.: bananes – pommes – poires – tomates: des fruits).

Où est-ce qu'on se trouve?

Voici quelques images. C'est à vous de trouver où les personnes se trouvent. Les initiales des mots à trouver indiquent quelque chose que les élèves adorent.

Les personnes sont

1.  = dans une __________________ pour faire les courses

2.  = sur un __________________ pour observer les oiseaux

3.  = dans une __________________ pour admirer les objets d'art

4.  = dans un __________________ pour rendre visite à qn

5.  = dans la __________________ pour regarder les arbres

6.  = dans une petite __________________ pour prier

7.  = dans une __________________ pour apprendre qc.

8.  = dans un __________________ pour manger un éclair

Les élèves adorent les ______________________

Où est-ce qu'on se trouve?

Auch dieses Rätsel kann am Ende des 1. oder im 2. Jahr des Französischunterrichts eingesetzt werden.

Les personnes sont

1.  = dans une **ville** pour faire les courses

2.  = sur un **arbre** pour observer les oiseaux

3.  = dans une **cathédrale** pour admirer les objets d'art

4.  = dans un **appartement** pour rendre visite à qn

5.  = dans la **nature** pour regarder les arbres

6.  = dans une petite **chapelle** pour prier

7.  = dans une **école** pour apprendre qc.

8.  = dans un **salon de thé** pour manger un éclair

Les élèves adorent les vacances.

Weitere Aufgabenmöglichkeit:
Ecrivez une histoire/ un dialogue qui a lieu dans un des lieux trouvés. Présentez vos textes/ vos scènes à vos camarades.

Variétés

1. Le carré magique

1	2	3	4
2			
3			
4			

1. contr.: faible
2. syn.: enlever (des vêtements)
3. contr.: réalité
4. cette jeune fille fait 1,90 m: elle est vraiment .... grande.

2. Le peigne

Trouvez des mots de cinq lettres et mettez-les verticalement dans le tableau suivant. La première ligne vous indique le nom d'un ancien président de la République française.

1		2		3		4		5		6		7		8

1. animal domestique
2. beaucoup de soldats
3. sorte d'école
4. contr.: maladie
5. le sel est une …
6. contr.: debout
7. ce … a 153 pages
8. préposition

Variétés

Die Rätsel können sicherlich bereits am Ende des 1. oder im 2. Jahr des Französischunterrichts eingesetzt werden. An dieser Stelle wäre auch eine erste Einführung in den Gebrauch des Wörterbuchs sinnvoll.

1. Le carré magique

1 F	2 O	3 R	4 T
2 O	T	E	R
3 R	E	V	E
4 T	R	E	S

1. contr.: faible
2. syn.: enlever (des vêtements)
3. contr.: réalité
4. cette jeune fille fait 1,90 m: elle est vraiment .... grande.

2. Le peigne

Trouvez des mots de cinq lettres et mettez-les verticalement dans le tableau suivant. La première ligne vous indique le nom d'un ancien président de la République française.

1 C	H	2 A	R	3 L	E	4 S	D	5 E	G	6 A	U	7 L	L	8 E
H		R		Y		A		P		S		I		N
I		M		C		N		I		S		V		T
E		E		E		T		C		I		R		R
N		E		E		E		E		S		E		E

1. animal domestique
2. beaucoup de soldats
3. sorte d'école
4. contr.: maladie
5. le sel est une …
6. contr.: debout
7. ce … a 153 pages
8. préposition

Les mots qui vont ensemble

Trouvez les mots qui vont ensemble. Quel mot correspond à l'autre? Chaque chiffre entre ( ) désigne une lettre du mot. Notez-la. Mises dans l'ordre correct, les lettres vous indiquent deux monuments qui se trouvent à Paris.

1. mardi	restaurant (6)
2. tennis	maison (5)
3. peinture	numéro (4)
4. fils	vocabulaire (5)
5. arbre	atelier (7)
6. mot	heure (4)
7. appartement	sport (1)
8. chat	semaine (2)
9. cuisinier	parents (1)
10. minute	animal (1)
11. téléphone	forêt (2)

Les monuments à trouver sont l'__________ et la ______________.

1. Cherchez des informations sur les deux monuments à l'aide d'une encyclopédie ou sur internet.
2. C'est à vous de trouver d'autres mots qui correspondent.

Les mots qui vont ensemble

Das Rätsel kann am Ende des 1. Jahres Französischunterricht vor oder nach den Ferien als allgemeine Wiederholung eingesetzt werden.

1. mardi	s**e**maine
2. tennis	**s**port
3. peinture	atelie**r**
4. fils	**p**arents
5. arbre	f**o**rêt
6. mot	voca**b**ulaire
7. appartement	mais**o**n
8. chat	**a**nimal
9. cuisinier	resta**u**rant
10. minute	heu**r**e
11. téléphone	num**é**ro

Les monuments à trouver sont «l'Opéra» et «la Bourse».

1. Le théâtre de l'Opéra, siège de l'Académie nationale de musique et de danse, a été construit de 1862 à 1874 par le jeune architecte Charles Garnier. Le plafond est de Chagall.
La Bourse, construite de 1808 à 1826/27 d'après les plans de Théodore Brongniart, est l'un des édifices les plus célèbres de L'Empire à Paris. Elle ressemble à un temple grec.

Weitere Aufgabenmöglichkeit:

Trouvez d'autres mots pour chaque centre thématique. (Ex.: guitare – musique: d'autres mots à trouver: le violon, le piano, jouer de, le concert ...).

La journée d'une mère – Quel mot manque?

Dans le texte suivant, il y a des mots qui manquent. C'est à vous de trouver ces mots dont les lettres qui sont désignées par les chiffres entre parenthèses, mises dans l'ordre correct, indiquent une profession.

Madame Gérard, dont le ....(1) est Jeannette, se lève à sept heures et va dans la ....(7) pour se préparer un café. Elle aimerait encore dormir, parce qu'elle est très ....(6). Hier, elle a travaillé jusqu'à 23 heures. Son fils, qui a dix ans, est déjà à l' ....(5) et sa ....(1) Emma, qui a seize ans, va au lycée Carnot. Jeannette Gérard est une bonne .... (3), car elle s'occupe beaucoup de ses enfants.

Aujourd'hui, elle doit nettoyer son ....(5) de quatre pièces qui se trouve dans un grand immeuble dans la banlieue de Paris. Mais d'abord, elle va au ....(1) Carrefour, où il y a de tout: des ....(6) comme des bananes, des pommes, des poires etc., des légumes, du ....(3) comme du camembert, du roquefort etc. Mais il y a aussi du vin, du chocolat et même des vêtements et des téléviseurs.

A 13 heures, le déjeuner doit être prêt, car elle a invité son amie Corinne pour le repas.

La profession recherchée est ________________________________

1. Continuez à décrire la journée de Madame Gérard.
2. Qu'est-ce qu'on peut encore acheter chez Carrefour?
3. Décrivez votre journée.

Solution 7

La journée d'une mère – Quel mot manque?

Das Rätsel kann sicherlich im 2. Jahr des Französischunterrichts, auch unter Verwendung eines Wörterbuchs, eingesetzt werden.

Madame Gérard, dont le ***p*rénom** est Jeannette, se lève à sept heures et va dans la **cuisin*e*** pour se préparer un café. Elle aimerait encore dormir, parce qu'elle est très **fatig*u*ée**. Hier, elle a travaillé jusqu'à 23 heures. Son fils, qui a dix ans, est déjà à l'**écol*e*** et sa ***f*ille** Emma, qui a seize ans, va au lycée Carnot. Jeannette Gérard est une bonne **mè*r*e**, car elle s'occupe beaucoup de ses enfants. Aujourd'hui, elle doit nettoyer son **appa*r*tement** de quatre pièces qui se trouve dans un grand immeuble dans la banlieue de Paris. Mais d'abord, elle va au ***s*upermarché** Carrefour, où il y a de tout: des **fruit*s*** comme des bananes, des pommes, des poires etc., des légumes, du **fr*o*mage** comme du camembert, du roquefort etc. Mais il y a aussi du vin, du chocolat et même des vêtements et des téléviseurs.
A 13 heures, le déjeuner doit être prêt, car elle a invité son amie Corinne pour le repas.

La profession recherchée est «professeur».

Des personnes qui se cachent

La grille suivante réunit 12 mots ayant trait aux désignations de personnes telles que „camarade, enfant etc.“ – Bon courage. (Les mots peuvent être placés horizontalement, verticalement ou en diagonale, à l’endroit ou à l’envers.)

x	i	f	m	n	p	r	t	z	f	u	x	y	n	m	o	q	s	t	v
s	t	r	a	e	u	i	o	x	i	c	d	r	t	s	u	i	o	o	n
q	w	è	l	k	t	r	y	x	l	n	v	c	n	p	l	m	i	n	x
m	i	r	o	p	s	r	t	n	l	s	i	o	p	r	t	s	x	c	u
a	s	e	r	a	m	i	t	u	e	v	n	m	s	t	i	u	o	p	b
b	v	m	c	x	e	s	r	i	z	o	p	m	n	n	s	e	i	o	t
h	o	m	m	e	s	t	r	u	i	p	l	m	n	b	z	t	i	s	d
x	c	y	s	t	r	u	r	t	o	k	l	p	n	m	f	t	r	a	x
s	t	r	u	p	i	s	p	è	r	e	w	v	n	z	p	r	m	x	s
s	m	u	i	e	r	t	r	i	o	p	l	m	n	b	s	e	r	t	o
c	s	è	r	u	i	o	m	h	t	f	t	g	h	i	o	l	p	s	x
s	t	e	r	i	o	f	p	d	f	m	v	b	k	j	u	t	r	p	l
x	s	r	t	e	m	b	b	r	r	t	u	i	s	v	b	o	p	r	e
w	e	s	e	s	v	f	t	r	i	i	o	e	r	t	x	s	b	b	u
t	r	i	u	i	e	x	s	c	f	é	b	n	r	s	e	t	n	a	t
x	u	i	r	m	t	r	u	n	m	o	t	c	c	s	t	r	u	t	z
s	c	n	m	i	u	o	p	r	t	r	x	a	b	n	m	j	g	k	l
s	c	e	r	e	t	u	i	o	p	k	m	b	i	r	t	s	i	o	n
s	c	x	v	c	o	p	i	n	e	e	r	r	t	r	a	a	e	s	n
n	u	i	r	t	v	d	b	n	u	i	e	s	w	t	e	v	b	u	i

Les mots recherchés sont: ______________________________

____

____

Des personnes qui se cachent

Das Rätsel kann im ersten oder auf jeden Fall zu Beginn des 2. Jahres des Französischunterrichts eingesetzt werden.

x	i	f	m	n	p	r	t	z	f	u	x	y	n	m	o	q	s	t	v
s	t	r	a	e	u	i	o	x	i	c	d	r	t	s	u	i	o	o	n
q	w	è	l	k	t	r	y	x	l	n	v	c	n	p	l	m	i	n	x
m	i	r	o	p	s	r	t	n	l	s	i	o	p	r	t	s	x	c	u
a	s	e	r	a	m	i	t	u	e	v	n	m	s	t	i	u	o	p	b
b	v	m	c	x	e	s	r	i	z	o	p	m	n	n	s	e	i	o	t
h	o	m	m	e	s	t	r	u	i	p	l	m	n	b	z	t	i	s	d
x	c	y	s	t	r	u	r	t	o	k	l	p	n	m	f	t	r	a	x
s	t	r	u	p	i	s	p	è	r	e	w	v	n	z	p	r	m	x	s
s	m	u	i	e	r	t	r	i	o	p	l	m	n	b	s	e	r	t	o
c	s	è	r	u	i	o	m	h	t	f	t	g	h	i	o	l	p	s	x
s	t	e	r	i	o	f	p	d	f	m	v	b	k	j	u	t	r	p	l
x	s	r	t	e	m	b	b	r	r	t	u	i	s	v	b	o	p	r	e
w	e	s	e	s	v	f	t	r	i	i	o	e	r	t	x	s	b	b	u
t	r	i	u	i	e	x	s	c	f	é	b	n	r	s	e	t	n	a	t
x	u	i	r	m	t	r	u	n	m	o	t	c	c	s	t	r	u	t	z
s	c	n	m	i	u	o	p	r	t	r	x	a	b	n	m	j	g	k	l
s	c	e	r	e	t	u	i	o	p	k	m	b	i	r	t	s	i	o	n
s	c	x	v	c	o	p	i	n	e	e	r	r	t	r	a	a	e	s	n
n	u	i	r	t	v	d	b	n	u	i	e	s	w	t	e	v	b	u	i

Les mots à trouver sont: ami, fille, voisin, père, mère, tante, copine, propriétaire, frère, dame, homme, femme

Mögliche weitere Aufgabe:
Trouvez d'autres mots qui désignent des personnes et présentez vos résultats en filet à mots (Mind-Map).

Préparer une fête – Des erreurs

L'auteur du texte suivant a consulté le dictionnaire, mais malheureusement, il y a onze mots qui sont à remplacer. C'est à vous de trouver les mots faux dont les initiales, lues de haut en bas, indiquent une voie navigable adorée par les touristes qui aiment passer leurs vacances de façon active.

Anne et son amie Florence préparent la fête d'anniversaire du frère. Elles veulent couper tous ses amis. Ainsi, elles doivent attraper beaucoup de choses; pour préparer une note italienne, il leur faut encore des tomates et du fromage, mais aussi un peu de sel. Anne aimerait faire une annonce niçoise avec beaucoup de thon, mais pour la sauce, il n'y a pas de limonade, alors qu'elle a trouvé de l'huile et de la moutarde dans la cuisine. Comme dessert, Florence propose une bonne douche au chocolat noir qui va plaire à tous les garçons. Elle sait que son frère utilise énormément cette gourmandise. Alors, il faut aussi penser à la mystique. Les garçons détestent les CD des grandes stars françaises; ils préfèrent les Américains. Anne et Florence vont chercher des informatiques sur les CD actuels au supermarché. Pour les boissons, il n'y a pas de dessins: tous les jeunes aiment le coca. Encore un peu de travail et la fête peut implanter.
Bon anniversaire.

Les mots qui sont faux:

1. ______________________ 2. ______________________

3. ______________________ 4. ______________________

5. ______________________ 6. ______________________

7. ______________________ 8. ______________________

9. ______________________ 10. ______________________

11. ______________________

L'expression à trouver est le ______________________

Remplacez les erreurs par les mots corrects.

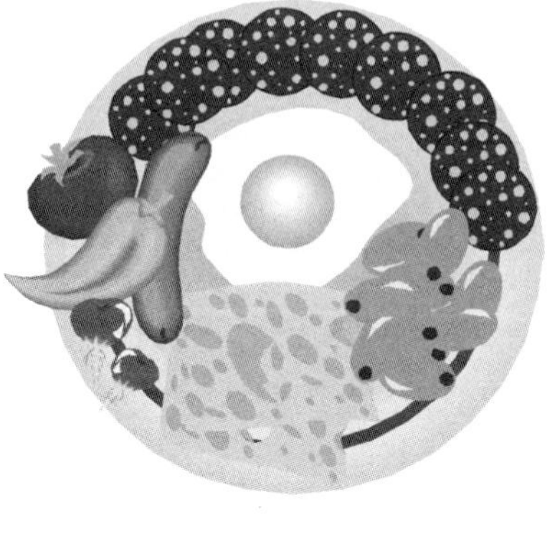

Préparer une fête – Des erreurs

Auch dieses Rätsel kann auf jeden Fall bereits im 2. Jahr des Französischunterrichts eingesetzt werden, häufig in Verbindung mit einem entsprechenden Lektionstext.

Anne et son amie Florence préparent la fête d'anniversaire du frère. Elles veulent **couper** tous ses amis. Ainsi, elles doivent **attraper** beaucoup de choses; pour préparer une **note** italienne, il leur faut encore des tomates et du fromage, mais aussi un peu de sel. Anne aimerait faire une **annonce** niçoise avec beaucoup de thon, mais pour la sauce, il n'y a pas de **limonade**, alors qu'elle a trouvé de l'huile et de la moutarde dans la cuisine. Comme dessert, Florence propose une bonne **douche** au chocolat noir qui va plaire à tous les garçons. Elle sait que son frère **utilise** énormément cette gourmandise. Alors, il faut aussi penser à la **mystique**. Les garçons détestent les CD des grandes stars françaises; ils préfèrent les Américains. Anne et Florence vont chercher des **informatiques** sur les CD actuels au supermarché. Pour les boissons, il n'y a pas de **dessins**: tous les jeunes aiment le coca. Encore un peu de travail et la fête peut **implanter**.
Bon anniversaire.

Les mots qui sont faux:

1. couper
2. attraper
3. note
4. annonce
5. limonade
6. douche
7. utilise
8. mystique
9. informatiques
10. dessins
11. implanter

L'expression à trouver est le Canal du Midi.

Remplacez les erreurs par les mots corrects.

1. inviter *2. acheter* *3. pizza* *4. salade*
5. vinaigre *6. mousse* *7. aime/ adore* *8. musique*
9. informations *10. problèmes* *11. commencer*

Weitere Aufgabenmöglichkeit:

Ecrivez un texte sur le même modèle, p.ex. en vous inspirant du texte de la dernière/prochaine leçon. Votre voisin/e doit corriger votre texte.

Des mots cachés

Cherchez les mots suivants cachés dans la grille et marquez-les à l'aide d'un crayon de couleur. Dans la grille apparaît un autre mot. Lequel?

on – écho – regarde – zéro – abbé – soir – voulons – azur – vert – noir – dose – arrives – devront – soie – écrivez – pourrez – roue – rôti

G	R	O	S	B	O	U	L	E	V	A	R	D	M	E	M	O	I	R	E	P	O	R	T
A	B	B	E	I	P	T	N	O	S	D	O	S	E	Z	V	E	R	T	L	R	O	U	E
R	V	D	H	L	O	M	D	V	G	E	R	U	C	X	O	B	L	G	N	E	G	H	C
R	E	G	Z	I	U	L	M	P	F	V	G	X	R	G	U	F	O	H	C	G	L	F	H
I	R	O	N	N	R	P	C	D	L	R	O	T	I	C	L	O	F	N	V	A	Z	U	R
V	B	V	O	G	R	F	N	A	I	O	C	G	V	B	O	H	B	H	N	R	D	C	B
E	E	X	I	U	E	M	F	P	H	N	F	H	E	G	N	F	V	F	D	D	C	G	V
S	O	I	R	B	Z	E	R	O	B	T	H	V	Z	V	S	O	I	E	F	E	C	H	O
L	E	S	P	A	R	E	N	T	S	U	N	E	A	R	M	O	I	R	E	L	I	R	E

Solution: ______________________

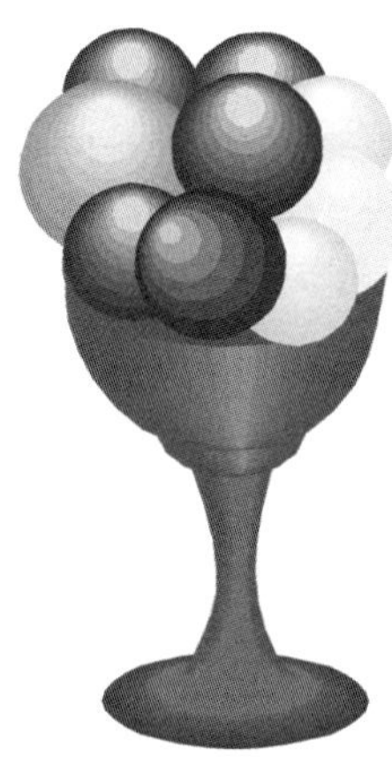

1. Cherchez à l'aide d'un dictionnaire les deux significations de ce mot.

2. Regardez encore une fois les mots cachés dans la grille:
a) cherchez les substantifs et ajoutez l'article indéfini
b) cherchez les formes des verbes et ajoutez le pronom personnel correspondant.

Des mots cachés

Das Rätsel kann am Ende des 2. oder zu Beginn des 3. Jahres des Französischunterrichts eingesetzt werden und ist dazu geeignet, mit der Einführung in den Gebrauchs eines Wörterbuchs verbunden zu werden.

G	R	O	S	B	O	U	L	E	V	A	R	D	M	E	M	O	I	R	E	P	O	R	T
A	B	B	E	I	P	T	N	O	S	D	O	S	E	Z	V	E	R	T	L	R	O	U	E
R	V	D	H	L	O	M	D	V	G	E	R	U	C	X	O	B	L	G	N	E	G	H	C
R	E	G	Z	I	U	L	M	P	F	V	G	X	R	G	U	F	O	H	C	G	L	F	H
I	R	O	N	N	R	P	C	D	L	R	O	T	I	C	L	O	F	N	V	A	Z	U	R
V	B	V	O	G	R	F	N	A	I	O	C	G	V	B	O	H	B	H	N	R	D	C	B
E	E	X	I	U	E	M	F	P	H	N	F	H	E	G	N	F	V	F	D	D	C	G	V
S	O	I	R	B	Z	E	R	O	B	T	H	V	Z	V	S	O	I	E	F	E	C	H	O
L	E	S	P	A	R	E	N	T	S	U	N	E	A	R	M	O	I	R	E	L	I	R	E

Solution: **GLACE**

1. a) eau congelée / crème glacée ou sorbet
b) miroir

2. a) un écho / un abbé / un soir / une dose / une soie / une roue / un rôti
b) je regarde – nous voulons – tu arrives – ils devront – vous écrivez – vous pourrez

Au jardin – Des fruits et des légumes

La grand-mère de Sylvie a un beau jardin. Sa petite fille a dressé une liste de tout ce qu'il y a dans ce jardin, mais malheureusement, elle a écrit les lettres dans le désordre. C'est à vous de trouver les fruits et les légumes que l'on peut y découvrir.
Les lettres marquées par les chiffres, mises dans l'ordre correct, indiquent les fruits que Sylvie a oubliés.

1. UTISACTHRA (2) _ _ _ _ _ _ _ _ _ _
2. TRESOTGUCE (10) _ _ _ _ _ _ _ _ _ _
3. GESSRAPE (1) _ _ _ _ _ _ _ _
4. OICRSTHA (4) _ _ _ _ _ _ _ _
5. SPMEMO (3) _ _ _ _ _ _
6. RIPOSE (2) _ _ _ _ _ _
7. SIFERAS (1) _ _ _ _ _ _ _
8. ATTSEMO (6) _ _ _ _ _ _ _
9. SIVOPORN (8) _ _ _ _ _ _ _ _
10. MALESIRBEL (5) _ _ _ _ _ _ _ _ _ _

Solution: ______________________

1. *Quels sont les fruits, quels sont les légumes que Sylvie a mentionnés? Ajoutez d'autres fruits et légumes que vous connaissez. Indiquez le genre.*
2. *Travaillez en groupe. Dressez des listes, p. ex. au sujet de*
   a) tout ce qu'il y a dans un appartement
   b) tout ce qu'il y a dans le sac de maman
   c) tout ce qu' il y a dans un restaurant.
   d) tout ce qu'il y a dans une salle de classe
   Mettez les lettres des mots en désordre et présentez-les aux autres groupes.

Au jardin – Des fruits et des légumes

Das Rätsel eignet sich für den Einsatz ab dem 2. Jahr des Französischunterrichts.

1. UTISACTHRA = A **R** T I C H A U T S
2. TRESOTGUCE = C O U R G E T T E **S**
3. GESSRAPE = **A** S P E R G E S
4. OICRSTHA = H A R **I** C O T S
5. SPMEMO = P O **M** M E S
6. RIPOSE = P **O** I R E S
7. SIFERAS = **F** R A I S E S
8. ATTSEMO = T O M A T **E** S
9. SIVOPORN = P O I V R O N **S**
10. MALESIRBEL = M I R A **B** E L L E S

Solution: **F R A M B O I S E S**

fruits	légumes
pommes (f) poires (f) fraises (f) mirabelles (f) framboises (f)	artichauts (m) courgettes (f) asperges (f) haricots (m) tomates (f) poivrons (m)
d'autres fruits, p.ex.: prunes (f), melons (m), oranges (f), citrons (m), bananes (f) etc.	**d'autres légumes, p.ex.:** choux-fleurs (m), endives (f), radis (m), concombres (m) etc.

Les sports

Voici quelques activités sportives qui ont – malheureusement – perdu leurs voyelles. Savez-vous de quoi il s'agit? Les lettres indiquées par les chiffres entre parenthèses désignent – lues de haut en bas – le rêve des athlètes. Ne tenez pas compte des accents.

1										(2)
2										(3)
3										(8)
4										(1)
5										(6)
6										(1)
7										(4)
8										(6)
9										(2)
10										(7)
11										(1)
12										(9)
13										(2)
14										(4)

1. JD 2. TNNS 3. PTNG 4. MRTHN 5. PLNG 6. DNS 7. SK LPN 8. NTTN 9. SLLM 10. FTBLL 11. QUTTN 12. SK D FND 13. GLF 14. CRS

1. Où ce rêve peut-il se réaliser?
2. Connaissez-vous d'autres activités sportives? Lesquelles?

Les sports

Das Rätsel kann im 2. Jahr des Französischunterrichts eingesetzt werden.

1	J	**U**	D	O							(2)
2	T	E	**N**	N	I	S					(3)
3	P	A	T	I	N	A	G	**E**			(8)
4	**M**	A	R	A	T	H	O	N			(1)
5	P	L	O	N	G	**E**	E				(6)
6	**D**	A	N	S	E						(1)
7	S	K	I	**A**	L	P	I	N			(4)
8	N	A	T	A	T	**I**	O	N			(6)
9	S	**L**	A	L	O	M					(2)
10	F	O	O	T	B	A	**L**	L			(7)
11	**E**	Q	U	I	T	A	T	I	O	N	(1)
12	S	K	I	D	E	F	O	N	**D**		(9)
13	G	**O**	L	F							(2)
14	C	O	U	**R**	S	E					(4)

Solution: **Une médaille d'or**

1. *Aux Jeux Olympiques qui sont des rencontres sportives internationales organisées tous les quatre/ deux ans par une ville et une nation différentes.*
2. *p.ex. le ski nautique, le saut en hauteur/ en longueur, le lancer du disque, la voile, le surf, la lutte, le hockey, la course de haies, le basketball etc.*

Une recette

Hélène s'est trompée. Elle veut préparer des beignets pour le Carnaval, mais elle n'y arrive pas, parce qu'elle ne sait plus par où commencer et par où finir. Quel est l'ordre correct de ses actions?

1. Elle étale la pâte sur une planche bien farinée et découpe des formes diverses. (16)
2. Elle ajoute trois oeufs un à un, 75 grammes de beurre ramolli, quatre cuillerées à soupe de rhum et le zeste de citron finement râpé. (5)
3. Dans une terrine, elle mélange 280 grammes de farine, deux sachets de sucre vanillé, une cuillerée à soupe de sucre en poudre, une pincée de sel et un demi sachet de levure. (19)
4. Elle saupoudre les beignets de sucre glace. (7)
5. Elle dispose les beignets sur un papier absorbant et les présente chauds ou froids. (1)
6. Elle plonge les beignets un à un dans la friture chaude et les retourne pour qu'ils dorent des deux côtés. (63)

Vous avez trouvé l'ordre des actions. Bravo! Maintenant, notez la lettre qui correspond à chaque chiffre entre parenthèses. Vous allez trouver quelque chose que l'on met à l' occasion du Carnaval.

L'objet est le _________________ .

1. Ajoutez les adverbes ou les expressions „d'abord/ ensuite / puis / après / après avoir fait cela / finalement" là où il faut.

2. Décrivez les différentes étapes d'une action (p.ex. mettre la table / faire sa toilette dans la salle de bains). Présentez-les dans le désordre à votre voisin/voisine. C'est à lui/elle de trouver l'ordre correct.

3. Préparez les beignets avec vos camarades de classe.

Une recette

Das Rätsel kann in Anlehnung an entsprechende Lektionstexte der Lehrbücher im 2. Jahr des Französischunterrichts eingesetzt werden.

3. Dans une terrine, elle mélange d'abord …

2. Ensuite, elle ajoute trois oeufs …

1. Après, elle étale la pâte ….

6. Après avoir fait cela, elle plonge les beignets …

4. Puis, elle saupoudre les beignets …

5. Finalement, elle dispose les beignets ….

L'objet est le «masque».

Le serpent

Les mots à trouver s'enchaînent, c'est-à- dire la dernière lettre du mot précédent est également la première lettre du mot suivant. Entre parenthèses, il y a le nombre des lettres. La flèche vous montre le commencement. Mettez dans l'ordre correct les lettres indiquées dans la grille par les cases grises et vous aurez la solution: un serpent d'Amérique tropicale.

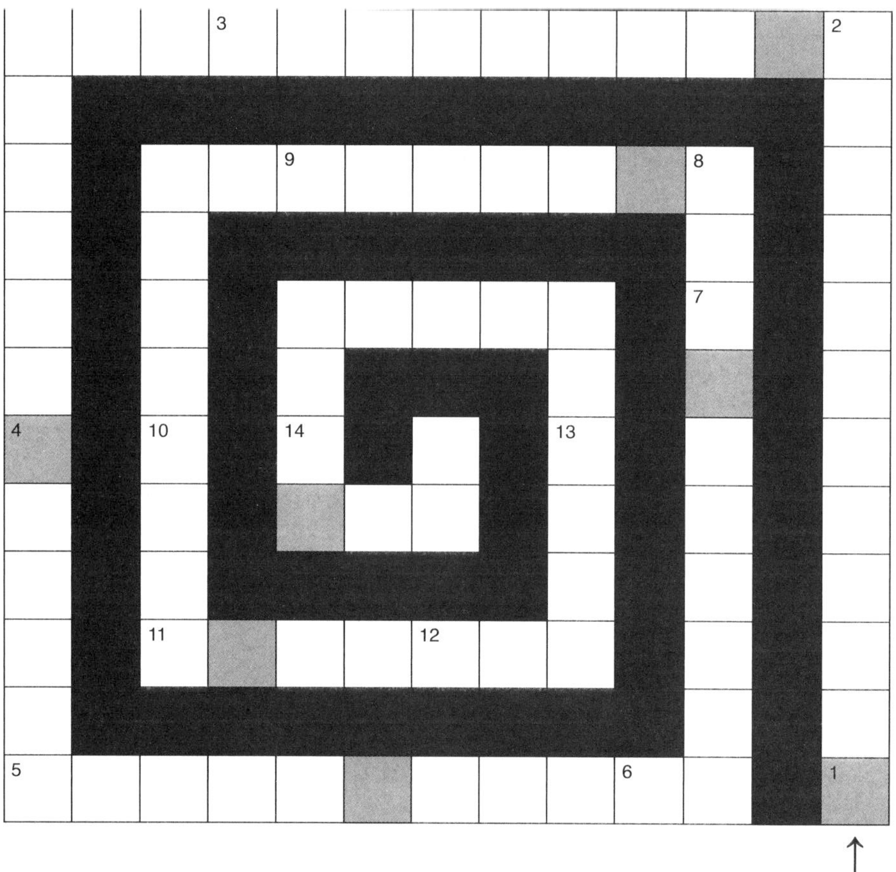

Solution:

_ _ _ _ _ _ _ _

1. Je traduis le texte à l'aide d'un … (12).
2. Cet acteur a un … (10) à Paris.
3. Nous avons regardé ce film à la … (10).
4. Je lui ai donné mon … (6) de téléphone.
5. Pour s'informer sur l'Internet, il faut avoir un … (10).
6. A la … (9) on vous indique votre chambre d' hôtel.
7. Quelle est votre … (3) de famille?
8. Les pays de l'Afrique du Nord sont appelés le … (7).
9. L'eau minérale est une … (7).
10. Pendant la … (4), on dort.
11. J' ai acheté une … (5) aux pommes chez le pâtissier.
12. Dans cette classe, il y a 25 … (6).
13. En Alsace, on mange la choucroute avec des … (9)
14. Le metteur en … (5) de ce film est très connu.

Le serpent

Dieses Rätsel eignet sich für den Einsatz ab Ende des 2. Jahres oder im Verlauf des 3. Jahres des Französischunterrichts.

E	L	E	[3] T	N	E	M	E	G	A	G	N	[2] E
V												R
I		I	O	[9] B	E	R	H	G	A	[8] M		I
S		S								O		A
I		S		S	S	I	C	U		[7] N		N
O		O		E				A		O		N
[4] N		[10] N		[14] S		E		[13] S		I		O
U		U		C	E	N		E		T		I
M		I						V		P		T
E		[11] T	A	R	T	[12] E	L	E		E		C
R										C		I
[5] O	R	D	I	N	A	T	E	U	[6] R	E		[1] D

↑

Solution:

ANACONDA

1. **dictionnaire**
2. **engagement**
3. **télévision**
4. **numéro**
5. **ordinateur**
6. **réception**
7. **nom**
8. **Maghreb**
9. **boisson**
10. **nuit**
11. **tarte**
12. **élèves**
13. **saucisses**
14. **scène**

Rébus I (Un proverbe)

**Le rébus suivant présente un proverbe qui vous est certainement connu.
Les lettres indiquées par les chiffres entre parenthèses sont à supprimer.**

40

(4 5 8) 7=d

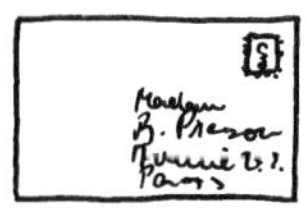

3=s (4 5 6)

(2 3)

'y

3=n 4=t (5)

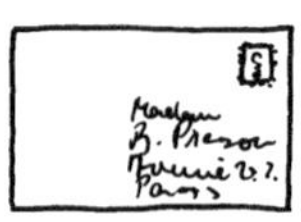

3=s (4 5 6)

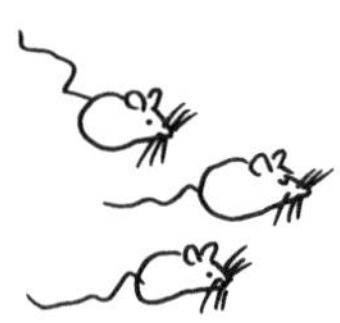

6=n 7=t (8)

Le proverbe est: ______________________________

1. *Qu'est-ce que le proverbe à trouver veut dire?*
2. *Racontez une petite histoire pour illustrer le proverbe.*
3. *Cherchez d'autres proverbes et essayez de les dessiner.*

Rébus I (Un proverbe)

Mit der kleinen Hilfe eines Wörterbuchs kann dieses Rätsel bereits im 2. Jahr des Französischunterrichts mit Erfolg eingesetzt werden.

40

(4 5 8) 7=d

(quarante) → quand

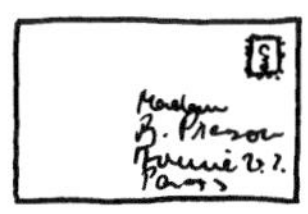

3=s (4 5 6)

lettre → les

chats

(2 3)

nez → n'

'y

y

3=n 4=t (5)

soupe → sont

pas

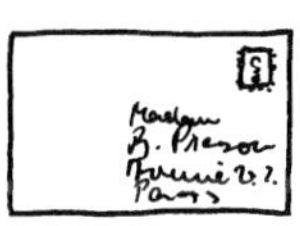

3=s (4 5 6)

lettre → les

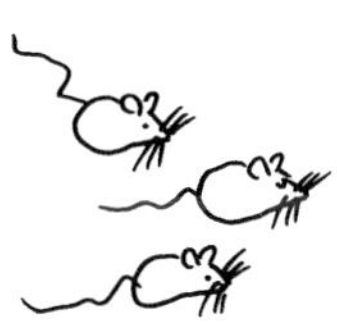

souris

6=n 7=t (8)

danseurs → dansent

Le proverbe est: Quand les chats n'y sont pas, les souris dansent.

Des explications

Voici des mots et leur définition, mais malheureusement, une seule définition est correcte. A vous de la trouver. Les lettres désignant la définition correcte, lues de haut en bas, indiquent deux spécialités françaises.

1. août
   - b) un plat
   - c) un mois
   - d) une plante

2. gris
   - g) qui a trop mangé
   - h) qui travaille beaucoup
   - i) une couleur

3. boulanger
   - d) un métier
   - e) un animal
   - f) une voiture

4. bilingue
   - q) qui parle français
   - r) qui parle deux langues
   - s) qui parle un langage familier

5. robe
   - c) un sport
   - d) une sorte de papier
   - e) un vêtement

6. détester
   - c) ne pas aimer
   - d) aller très vite
   - e) travailler dur

7. quartier
   - p) un dessert
   - q) quelques personnes
   - r) la partie d'une ville

8. flûte
   - c) une sorte de champagne
   - d) une partie de la maison
   - ê) un instrument de musique

9. voisin
   - p) qn qui habite à côté
   - q) qn qui travaille à l'usine
   - r) qn qui joue au foot

10. avoir rendez-vous
   - d) s'aimer
   - e) se rencontrer à une certaine heure
   - f) s'aider

Les deux spécialités sont a) ________________ b) ______________________

Des explications

Auch dieses Rätsel ist im 2. Jahr des Französischunterrichts einsetzbar, eventuell mit Hilfe eines Wörterbuchs.

1. août

b) un plat
c) un mois
d) une plante

2. gris

g) qui a trop mangé
h) qui travaille beaucoup
i) une couleur

3. boulanger

d) un métier
e) un animal
f) une voiture

4. bilingue

q) qui parle français
r) qui parle deux langues
s) qui parle un langage familier

5. robe

c) un sport
d) une sorte de papier
e) un vêtement

6. détester

c) ne pas aimer
d) aller très vite
e) travailler dur

7. quartier

p) un dessert
q) quelques personnes
r) la partie d'une ville

8. flûte

c) une sorte de champagne
d) une partie de la maison
ê) un instrument de musique

9. voisin

p) qn qui habite à côté
q) qn qui travaille à l'usine
r) qn qui joue au foot

10. avoir rendez-vous

d) s'aimer
e) se rencontrer à une certaine heure
f) s'aider

Les deux spécialités sont a) cidre b) crêpe.

Mögliche Zusatzaufgabe: Faites une énigme sur le même modèle pour dix mots du vocabulaire de votre leçon et présentez-la à votre voisin/e.

La télévision

Les mots suivants font partie du vocabulaire thématique: la télévision. Chaque chiffre correspond à une lettre (Ne tenez pas compte des accents). La solution est un objet qui est aujourd'hui indispensable. Pour vous aider, le code d'un mot est déjà déchiffré.

1. _ _ _ _ _ _ _ _
   5 7 18 2 2 18 9 12

2. _ _ _ _ _ _ _ _ _ _
   10 5 15 5 3 18 2 5 6 14

3. E C R A N
   5 1 14 11 12

4. _ _ _ _ _ _ _ _ _ _ _ _
   18 12 8 9 14 7 11 10 18 9 12 2

5. _ _ _ _ _ _
   2 5 14 18 5 2

6. _ _ _ _ _ _ _ _ _ _
   8 5 6 18 15 15 5 10 9 12

7. _ _ _ _ _ _ _ _ _
   4 14 9 13 14 11 7 7 5

8. _ _ _ _ _ _ _ _
   11 6 16 18 5 12 1 5

9. _ _ _ _ _ _ _ _ _ _ _ _ _ _
   10 5 15 5 2 4 5 1 10 11 10 5 6 14

10. _ _ _ _ _ _
    1 17 11 18 12 5

11. _ _ _ _ _ _ _ _ _ _ _ _
    10 14 11 12 2 7 18 2 2 18 9 12

12. _ _ _ _ _ _ _ _ _
    2 11 10 5 15 15 18 10 5

La solution: _ _ _ _ _ _ _ _ _ _ _ _
10 5 15 5 1 9 7 7 11 12 16 5

C'est à vous d'inventer, sur le même modèle, une énigme au sujet de la ***presse****.*

La télévision

Dieses Rätsel eignet sich auf dem Hintergrund des besonderen „centre thématique“ für das 3. Jahr des Französischunterrichts, aber auch bei entsprechender Thematik für einen Grund- oder Leistungskurs der Oberstufe.

1. EMISSION
2. TELEVISEUR
3. ECRAN
4. INFORMATIONS
5. SERIES
6. FEUILLETON
7. PROGRAMME
8. AUDIENCE
9. TELESPECTATEUR
10. CHAINE
11. TRANSMISSION
12. SATELLITE

1	2	3	4	5	6	7	8	9	10	11	12	13	14	15	16	17	18
C	S	V	P	E	U	M	F	O	T	A	N	G	R	L	D	H	I

La solution: **TELECOMMANDE**

Vocabulaire thématique: La presse
p.ex.: le journal, le magazine, la revue, le mensuel, le lecteur, la lectrice, le correspondant, le journaliste, l'envoyé spécial, l'information, l'article, le sujet, l'agence de presse, les faits divers, la une, le texte etc.

Le quatrième mot

Choisissez dans la liste située sous les grilles un mot qui va bien avec les mots donnés dans chaque grille. Les initiales des mots ajoutés, lues de bas en haut, indiquent le nom d'une ville française.

1.

f	r	è	r	e	
c	o	u	s	i	n
t	a	n	t	e	

4.

c	r	a	y	o	n
c	a	h	i	e	r
s	t	y	l	o	

2.

o	b	s	e	r	v	e	r
v	o	i	r				
e	x	a	m	i	n	e	r

5.

j	a	u	n	e
v	e	r	t	
r	o	u	g	e

3.

f	o	o	t				
s	k	i					
n	a	t	a	t	i	o	n

6.

f	l	e	u	r		
p	l	a	n	t	e	
b	u	i	s	s	o	n

Les mots à choisir: noir – regarder – gomme – arbre – soeur – escalade

La ville à trouver est ______________________________

1. Cherchez des informations sur la ville à trouver.
2. Ajoutez à chaque grille d'autres mots du vocabulaire thématique.

Le quatrième mot

Dieses Rätsel kann im Verlauf des 2. Jahres des Französischunterrichts eingesetzt werden.

1.

f	r	è	r	e	
c	o	u	s	i	n
t	a	n	t	e	
s	o	e	u	r	

4.

c	r	a	y	o	n
c	a	h	i	e	r
s	t	y	l	o	
g	o	m	m	e	

2.

o	b	s	e	r	v	e	r
v	o	i	r				
e	x	a	m	i	n	e	r
r	e	g	a	r	d	e	r

5.

j	a	u	n	e
v	e	r	t	
r	o	u	g	e
n	o	i	r	

3.

f	o	o	t				
s	k	i					
n	a	t	a	t	i	o	n
e	s	c	a	l	a	d	e

6.

f	l	e	u	r		
p	l	a	n	t	e	
b	u	i	s	s	o	n
a	r	b	r	e		

La ville à trouver est Angers.

Angers est le chef-lieu du département du Maine-et-Loire; c'est l'ancienne capitale de l'Anjou où l'on trouve un château du roi René qui date du XIIIe et du XVe siècles. Là, il y a le célèbre musée de la Tapisserie montrant des tapis qui représentent l'Apocalypse. De plus, la cathédrale St-Maurice, la Maison d'Adam et le Logis Barrault ou l'Hôtel Pincé attirent beaucoup de touristes.

19 Fiche de travail

A l'hypermarché

Anne va à l'hypermarché où il y a de tout. Elle a fait une liste de ses courses, mais malheureusement, les consonnes ont disparu. C'est à vous de retrouver ce qu'elle va acheter. Les lettres initiales, lues de haut en bas, indiquent une sorte de légumes.

Elle y achète des

1. __ __ A Y O __ __
2. A__ __ I __ __ A U __ __
3. __ A __ I __
4. O __ A __ __ E __
5. __ A __ __ E __
6. __ O __ A __ E __
7. E __ I __ E __
8. __ __ A __ __ E __ __ I __

Les légumes sont des ______________________________.

1. Qu'est-ce qu'elle peut acheter d'autre à l'hypermarché?
2. Ajoutez les quantités dont elle a besoin; p.ex. un kilo de pommes.
3. Inventez une petite histoire: „Une rencontre inattendue au supermarché".

A l'hypermarché

Dieses Rätsel kann im 2. Jahr des Französischunterrichts eingesetzt werden und eignet sich besonders bei der Einübung des partitiven „de" bzw. bei der Behandlung von Mengenangaben.

Elle y achète des

1. C R A Y O N S
2. A R T I C H A U T S
3. R A D I S
4. O R A N G E S
5. T A S S E S
6. T O M A T E S
7. E P I C E S
8. S P A G H E T T I S

Les légumes sont des «carottes».

1/2. p.ex.: cent grammes de jambon, un demi-kilo de bananes, trois bouteilles de coca, une boîte de thon, un morceau de pâté, deux litres de lait, un paquet de beurre, une paire de chaussures etc.

3. Die Schülerinnen und Schüler sollen hier ihr kreatives Vermögen im Zusammenhang mit dem Wortfeld „Einkaufen" schulen.

Rébus II (Deux proverbes)

Les rébus suivants présentent deux proverbes qui vous sont certainement connus. Les lettres indiquées par les chiffres entre parenthèses sont à supprimer.

1.

15
(4 5 6)

a + 
4=e

(1)

4=d (5 6 7)

+
(2) 3=a

2.

(2 3 4)

4=g (5) nt

(2 3 4)

1. C'est à vous de dessiner les proverbes suivants:
a) Comme on fait son lit, on se couche.
b) Après la pluie, le beau temps.

Rébus II (Deux proverbes)

Diese Bilderrätsel werden ab Ende des 2. oder im Verlauf des 3. Jahres des Französischunterrichts gut eingesetzt werden können.

1.

chien

15

(4 5 6)

quinze → qui

a + 

4=e

a + bois → aboie

(1)

âne → ne

4=d (5 6 7)

morceau → mord

\+

←(2) 3=a

plus → pas

2.

(2 3 4)

lettre → les

gros poissons

4=g (5) nt

manche → mangent

(2 3 4)
livres → les

petits (poissons)

1. Chien qui aboie ne mord pas.
2. Les gros poissons mangent les petits.

Un peu de grammaire – Le passé composé avec „être“

Voici une liste de verbes dans laquelle il y a huit verbes qui se conjuguent avec „être“ au passé composé. C’est à vous de les trouver. En mettant les lettres initiales dans l’ordre correct, vous trouverez un mot qui n’a pas le même sens selon le genre qu’il prend et un autre mot qui représente la partie d’un tout.

adorer – ajouter – aller – acheter – arrêter – attaquer – attendre – arriver – chanter – conduire – continuer – danser – entrer – faire – fermer – frapper – jouer – jeter – mettre – oublier – partir – porter – poser – prendre – quitter – rendre – rester – rencontrer – répondre – savoir – signer – sortir – tomber – travailler – traverser – vendre – venir – visiter – voir – vouloir

1. ______________________ 2. ______________________

3. ______________________ 4. ______________________

5. ______________________ 6. ______________________

7. ______________________ 8. ______________________

Les mots à trouver sont: ______________________

____

1. Cherchez la signification des mots à trouver dans un dictionnaire.
2. Racontez une petite histoire au passé en utilisant au moins cinq verbes qui se conjuguent avec „être“ au passé composé.

Un peu de grammaire – Le passé composé avec „être“

Dieses Rätsel findet seinen Einsatz an der Stelle, an der in den jeweiligen Lehrbüchern die angesprochene Thematik behandelt wird. Es kann jedoch auch später zur Auffrischung oder zur Vertiefung verwendet werden.

1. ***a*ller** 2. ***a*rriver**

3. ***e*ntrer** 4. ***p*artir**

5. ***r*ester** 6. ***s*ortir**

7. ***t*omber** 8. ***v*enir**

Les mots à trouver sont: vase

part

le vase = récipient destiné à recevoir des fleurs coupées
la vase = la boue (der Schlamm)

Le futur simple

Dans la grille suivante, il y a 23 formes du futur. Les initiales des formes, mises dans l'ordre correct, indiquent un proverbe qui est aussi très connu en Allemagne. Il ne faut pas tenir compte des accents. (Les mots peuvent être placés horizontalement, verticalement ou en diagonale, à l'endroit ou à l'envers.)

a	u	r	o	n	s	r	p	e	q	s	z	u	p
n	m	x	a	c	l	c	l	x	a	e	e	c	o
a	v	a	r	i	c	i	s	e	r	v	r	a	u
c	g	v	g	g	r	e	f	f	e	q	i	r	r
a	e	i	i	a	c	g	e	m	l	m	l	y	r
c	e	z	r	f	f	r	x	i	i	i	c	v	o
u	s	e	r	a	s	h	i	t	x	f	s	f	n
n	m	p	r	s	t	u	g	v	e	r	a	s	t
b	o	i	r	a	i	e	e	c	c	a	u	x	x
m	o	p	r	t	z	s	r	c	r	t	r	r	i
a	r	i	l	s	t	i	a	r	i	l	a	t	e
a	r	e	i	r	p	s	s	t	r	r	u	c	u
t	o	u	r	n	e	r	e	z	a	t	r	s	s
a	r	d	n	e	t	n	e	r	u	i	d	a	z
r	t	c	v	s	u	i	o	r	r	v	u	t	e
i	a	r	r	u	o	p	u	e	i	r	c	c	r
c	b	n	m	o	t	r	z	i	a	r	e	s	u
z	e	r	t	t	e	m	t	i	h	u	t	o	a

Le proverbe est: ______________________________

Mettez les verbes à l'infinitif. Notez les formes du futur que vous avez trouvées avec le pronom personnel, puis ajoutez l'infinitif en français et en allemand. (ex.: seras – tu seras – être – sein)

Le futur simple

Dieses Rätsel kann im 3. Jahr des Französischunterrichts eingesetzt werden; es findet aber auch eine sinnvolle Verwendung bei der Wiederholung des „futur simple“ in der Oberstufe.

a	u	r	o	n	s	r	p	e	q	s	z	u	p
n	m	x	a	c	l	c	l	x	a	e	e	c	o
a	v	a	r	i	c	i	s	e	r	v	r	a	u
c	g	v	g	g	r	e	f	f	e	q	i	r	r
a	e	i	i	a	c	g	e	m	l	m	l	y	r
c	e	z	r	f	f	r	x	i	i	i	c	v	o
u	s	e	r	a	s	h	i	t	x	f	s	f	n
n	m	p	r	s	t	u	g	v	e	r	a	s	t
b	o	i	r	a	i	e	e	c	c	a	u	x	x
m	o	p	r	t	z	s	r	c	r	t	r	r	i
a	r	i	l	s	t	i	a	r	i	l	a	t	e
a	r	e	i	r	p	s	s	t	r	r	u	c	u
t	o	u	r	n	e	r	e	z	a	t	r	s	s
a	r	d	n	e	t	n	e	r	u	i	d	a	z
r	t	c	v	s	u	i	o	r	r	v	u	t	e
i	a	r	r	u	o	p	u	e	i	r	c	c	r
c	b	n	m	o	t	r	z	i	a	r	e	s	u
z	e	r	t	t	e	m	t	i	h	u	t	o	a

Le proverbe est: Après la pluie, le beau temps.

Les verbes à trouver sont: avoir, aller, élire, agir, user, exiler, lire, pouvoir, boire, mettre, exiger, savoir, prier, tourner, entendre, rire, écrire

Des participes passés I

Voici quelques formes parmi lesquelles se cachent 17 participes passés. C'est à vous de les trouver.
Les initiales des participes trouvés, lues de haut en bas, désignent un proverbe. Il ne faut pas tenir compte des accents.

clé – uni – si – année – café – fruit – nagé – idée – jeudi – minuit – établi – musée – prix – qui – salut – marché – suite – précis – bruit – carnet – admis – côté – court – dé – degré – imité – idée – entre – fou – gris – né – joli – jus – lit – lu – mardi – merci – mois – mot – arrivé – ou – peu – pneu – port – pot – voulu – puis – rêve – riz – roux – rue – été – fêter – être – télé – lié – trou – truc – veau – vite – agi – agir – abri – amitié – arrêt – usé – usine – bas – bouche – bout – cas – tu – nu – danse – défense – dos – envers – remis – fils – marquis – mercredi – palais – radis – service – entre – entré – très – vérité

Les participes trouvés sont:

____

____

____

Le proverbe est: ______________________________

1. *Conjuguez les verbes à la première personne du singulier au passé composé et notez l'infinitif des verbes (ex.: eu-j'ai eu-avoir)*

2. *Choisissez six participes de la liste précédente et inventez une petite histoire dans laquelle ces participes sont employés.*

3. *Cherchez le sens des autres mots dans un dictionnaire, si vous ne les connaissez pas.*

Des participes passés I

Das Rätsel kann bereits am Ende des 1. Jahres oder im Verlauf des 2. Jahres des Französischunterrichts eingesetzt werden. Es eignet sich aber auch zur Wiederholung des grammatikalischen Phänomens in der SII.

clé – **uni** – si – année – café – fruit – **nagé** – idée – jeudi – minuit – **établi** – musée – prix – qui – salut – **marché** – suite – précis – bruit – carnet – **admis** – côté – court – dé – degré – **imité** – idée – entre – fou – gris – **né** – joli – jus – lit – **lu** – mardi – merci – mois – mot – **arrivé** – ou – peu – pneu – port – pot – **voulu** – puis – rêve – riz – roux – rue – **été** – fêter – être – télé – **lié** – trou – truc – veau – vite – **agi** – agir – abri – amitié – arrêt – **usé** – usine – bas – bouche – bout – cas – **tu** – nu – danse – défense – dos – envers – **remis** – fils – marquis – mercredi – palais – radis – service – entre – **entré** – très – vérité

Le proverbe est: Une main lave l'autre

1. *j'ai uni – j'ai nagé – j'ai établi – j'ai marché – j'ai admis – j'ai imité – je suis né,e – j'ai lu – je suis arrivé,e – j'ai voulu – j'ai été – j'ai lié – j'ai agi – j'ai usé – j'ai tu (je me suis tu,e) – j'ai remis – je suis entré,e*

   unir – nager – établir – marcher – admettre – imiter – naître – lire – arriver – vouloir – être – lier – agir – user – (se) taire – remettre – entrer

Le subjonctif I

Ci-dessous, vous trouverez dix verbes dont chacun est accompagné de quatre formes grammaticales. Les lettres qui précèdent la forme du subjonctif, lues de bas en haut, indiquent une fête traditionnelle en France, mais ce jour-là n'est pas férié.

1. voir
   r) voie
   s) voit
   t) vois
   u) voyez

2. pouvoir
   s) peux
   t) peut
   u) puisse
   v) pu

3. faire
   b) fais
   c) fait
   d) feras
   e) fasse

4. descendre
   k) descends
   l) descende
   m) descend
   n) descendons

5. avoir
   e) ait
   f) as
   g) avait
   h) avions

6. savoir
   b) savez
   c) sais
   d) sache
   e) savais

7. croire
   k) croit
   l) crois
   m) croiras
   n) croies

8. ouvrir
   a) ouvriez
   b) ouvrez
   c) ouvrirez
   d) ouvrait

9. fuir
   g) fuit
   h) fuie
   i) fuis
   j) fuirez

10. courir
    c) coure
    d) court
    e) cours
    f) courez

La fête s'appelle: la ____________________

Le subjonctif I

1. voir
r) voie
s) voit
t) vois
u) voyez

2. pouvoir
s) peux
t) peut
u) puisse
v) pu

3. faire
b) fais
c) fait
d) feras
e) fasse

4. descendre
k) descends
l) descende
m) descend
n) descendons

5. avoir
e) ait
f) as
g) avait
h) avions

6. savoir
b) savez
c) sais
d) sache
e) savais

7. croire
k) croit
l) crois
m) croiras
n) croies

8. ouvrir
a) ouvriez
b) ouvrez
c) ouvrirez
d) ouvrait

9. fuir
g) fuit
h) fuie
i) fuis
j) fuirez

10. courir
c) coure
d) court
e) cours
f) courez

La fête s'appelle: la Chandeleur

Le 2 février, jour de la Chandeleur – fête de la présentation de Jésus au Temple –, on fait sauter des crêpes dans une poêle, avec une pièce d'argent dans la main qui doit apporter la richesse pour toute l'année.

Les infinitifs de verbes irréguliers

Voici des formes de différents verbes. C'est à vous de chercher l'infinitif. Les lettres marquées par les chiffres entre parenthèses, mises dans l'ordre correct, indiquent deux verbes qui se conjuguent avec „être" au passé composé.

1. vous irez ______________________ (1)
2. tu feras ______________________ (3)
3. il serait ______________________ (3)
4. il faudrait ______________________ (7)
5. tu as eu ______________________ (2)
6. je verrai ______________________ (3)
7. vous avez su ______________________ (2)
8. ils auraient lu ______________________ (4)
9. nous buvions ______________________ (4)
10. tu as mis ______________________ (3)
11. qu'il puisse ______________________ (1)
12. elle est née ______________________ (5)
13. ils ont vécu ______________________ (4)

Les deux verbes sont: ________________ et ________________

1. Cherchez d'autres verbes qui se conjuguent avec „être" au passé composé.
2. Mettez les 13 verbes à la première personne du singulier au présent, au passé composé, au futur simple et au subjonctif.

Les infinitifs de verbes irréguliers

Das Rätsel kann sicherlich gut als Einübung, Vertiefung oder Wiederholung im 3. Jahr des Französischunterrichts eingesetzt werden. Auch in der SII kann es Verwendung finden.

1. vous irez	***a**ller*
2. tu feras	**fa*i*re**
3. il serait	**ê*t*re**
4. il faudrait	**falloi*r***
5. tu as eu	**a*v*oir**
6. je verrai	**vo*i*r**
7. vous avez su	**s*a*voir**
8. ils auraient lu	**lir*e***
9. nous buvions	**bo*i*re**
10. tu as mis	**me*t*tre**
11. qu'il puisse	***p*ouvoir**
12. elle est née	**naî*t*re**
13. ils ont vécu	**viv*r*e**

Les deux verbes sont: arriver et partir

p.ex. aller, sortir, entrer, monter, descendre, tomber, rester, rentrer, retourner, passer, venir, naître, devenir, mourir, décéder etc.

Le „de“ partitif – Faire les courses

Dans le texte suivant, il y a des lacunes. C’est à vous de les combler. Comptez les „de“ partitifs qu’il faut mettre et le résultat est un chiffre qui est le numéro d’un département.

Pierrette Monin est en vacances à la Baule en Bretagne. Elle passe ses journées à la plage ou à visiter la région avec ses petits villages pittoresques tels que Kerhinet. Mais aujourd’hui, elle accompagne sa mère au supermarché Champion, car il n’y a plus ____ provisions. Elles achètent quatre bouteilles ____ coca, _____ viande hachée, ____ jambon et deux kilos____ pommes de terre. De plus, il leur faut ___ lait, deux paquets ___ beurre, ____ fruits et six pots ____ yaourt. Elles n’aiment pas ____ fromage blanc et elles n’achètent pas ____ camembert, car il y en a encore à la maison, mais elles ont besoin ____ confiture et ____ moutarde. Pour M. Monin, elles choisissent trois bouteilles ______ vin rouge et un peu _____ pâté forestier. Tout à coup, elles rencontrent Yvette, amie de Mme Monin. Elle est venue acheter ______ eau minérale et quelques sachets _____ tisane, car son fils Auguste est malade. Les femmes bavardent quelque temps, tandis que Pierrette cherche encore ____ bon chocolat noir et une boîte _____ bonbons. Elle est une petite gourmande, mais elle ne prend pas ____ biscuits, parce qu’elle a peur de trop grossir. Oh là là, il est déjà midi et quart; il faut vite rentrer pour préparer le déjeuner, car M. Monin a toujours faim, surtout pendant les vacances.

Le numéro est _____________. Le département est __________

1. Inventez un dialogue entre Mme Monin et Yvette.

2. Faites une liste des achats à faire.

3. Cherchez des informations sur la Bretagne.

Le „de“ partitif – Faire les courses

Das Rätsel findet bereits im 2. Jahr des Französischunterrichts Verwendung, kann jedoch auch später zur Übung, Wiederholung und Vertiefung eingesetzt werden.

Pierrette Monin est en vacances à la Baule en Bretagne. Elle passe les journées à la plage ou elle visite l'intérieur du paysage avec ses petits villages pittoresques tels que Kerhinet. Mais aujourd'hui, elle accompagne sa mère au supermarché Champion, car il n'y a plus **de** provisions. Les deux achètent quatre bouteilles **de** coca, **de la** viande hachée, **du** jambon et deux kilos **de** pommes de terre. De plus, il leur faut **du** lait, deux paquets **de** beurre, **des** fruits et six pots **de** yaourt. Elles n'aiment pas **le** fromage blanc et elles n'achètent pas **de** camembert, car il y en a encore à la maison, mais elles ont besoin **de** confiture et **de** moutarde. Pour M. Monin, elles choisissent trois bouteilles **de** vin rouge et un peu **de** pâté forestier. Tout à coup, les deux rencontrent Yvette, amie de Mme Monin. Elle est venue acheter **de l'** eau minérale et quelques sachets **de** tisane, car son fils Auguste est malade. Les femmes bavardent quelque temps, tandis que Pierrette cherche encore **du** bon chocolat noir et une boîte **de** bonbons. Elle est une petite gourmande, mais elle ne prend pas **de** biscuits, parce qu'elle a peur de grossir trop. Oh là là, il est déjà midi et quart; il faut vite rentrer pour préparer le déjeuner, car M. Monin a toujours faim, surtout pendant les vacances.

Le numéro est 13.
Le département est les Bouches-du-Rhône.

3. *La Bretagne, ancienne province et région comprenant les départements: Côtes-du-Nord, le Finistère, l'Ille-et-Vilaine et le Morbihan se trouve à l'ouest de la France. Son chef-lieu est Rennes. C'est la première région agricole française, mais on y trouve aussi de l'industrie (production énergétique, chimie, construction navale etc.) Tout le monde sait qu'il y avait une population préceltique à l'époque mégalithique; conquise par les Romains, la Bretagne reçut les Bretons au Ve siècle (cf. son nom) et s'appela duché jusqu'en 1532 où la Bretagne fut annexée par le roi français. Les Bretons ont leur propre langue, cultivent leurs traditions et une certaine indépendance qui se manifeste aussi par des mouvements autonomistes.*

Actif – passif

Il faut coordonner les phrases suivantes construites à l'actif et au passif. Il y a une phrase qui n'a pas de correspondance. Essayez de trouver cette phrase, dont les lettres initiales indiquent une ville située en Belgique.

1. Le garçon a apporté deux plateaux de fromage.
2. Le garçon apporte des bananes.
3. Les garçons apporteront une bouteille de champagne.
4. Nicolas a mangé une reine-claude.
5. Nicolas mangeait une reine-claude.
6. Nicolas mangera une reine-claude.
7. Nicolas avait mangé une reine-claude.
8. Nicolas mangerait une reine-claude.
9. Sandrine a regardé les oranges.
10. Sandrine regardera les oranges.

a) Une reine-claude était mangée par Nicolas.

b) Les oranges ont été regardées par Sandrine.

c) Une reine-claude serait mangée par Nicolas.

d) Deux plateaux de fromage ont été apportés par le garçon.

e) Une reine-claude avait été mangée par Nicolas.

f) Les oranges seront regardées par Sandrine.

g) Des bananes sont apportées par le garçon.

h) Une reine-claude sera mangée par Nicolas.

i) Une bouteille de champagne sera apportée par les garçons.

Le nom de la ville est ______________________________.

Faites des recherches sur cette ville.

Actif – passif

Das Rätsel wird dann eingesetzt werden, wenn im Unterricht die Passivbildung behandelt worden ist. Es findet aber auch zur Wiederholung in der SII Verwendung.

1. Le garçon a apporté deux plateaux de fromage.
d) Deux plateaux de fromage ont été apportés par le garçon.

2. Le garçon apporte des bananes.
g) Des bananes sont apportées par le garçon.

3. Les garçons apporteront une bouteille de champagne.
i) Une bouteille de champagne sera apportée par les garçons.

4. **N**icolas **a m**angé **u**ne **r**eine-claude.

5. Nicolas mangeait une reine-claude.
a) Une reine-claude était mangée par Nicolas.

6. Nicolas mangera une reine-claude.
h) Une reine-claude sera mangée par Nicolas.

7. Nicolas avait mangé une reine-claude.
e) Une reine-claude avait été mangée par Nicolas.

8. Nicolas mangerait une reine-claude.
c) Une reine-claude serait mangée par Nicolas

9. Sandrine a regardé les oranges.
b) Les oranges ont été regardées par Sandrine.

10. Sandrine regardera les oranges.
f) Les oranges seront regardées par Sandrine.

Le nom de la ville est Namur.

La ville de Namur, située en Belgique et chef-lieu de la province du même nom, se trouve au confluent de la Meuse et de la Sambre. Elle est la capitale de la Wallonie et un centre industriel. Les touristes y admirent la cathédrale St-Aubain et la Citadelle.

Mögliche weitere Aufgabenstellungen:
Trouvez les règles pour la formation du passif à l'aide de cette énigme.
Puis notez un exemple au présent, au passé composé, à l'imparfait, au plus-que-parfait, au futur simple et au conditionnel. Trouvez vous-mêmes des phrases au passif. Travaillez à deux.

Des participes passés II

Vous trouverez ci-dessous une liste de verbes en allemand. C'est à vous de les traduire et de trouver ensuite les participes passés.
Les initiales des infinitifs ou des participes, lues de haut en bas, indiquent un courant littéraire du 19e siècle.

1. geboren werden ____________________ ____________________
2. handeln ____________________ ____________________
3. verschweigen ____________________ ____________________
4. vereinen ____________________ ____________________
5. zurückkommen ____________________ ____________________
6. erscheinen ____________________ ____________________
7. lesen ____________________ ____________________
8. untersagen ____________________ ____________________
9. wissen ____________________ ____________________
10. setzen, stellen ____________________ ____________________
11. ausschließen ____________________ ____________________

Solution: ______________________________

1. Cherchez des informations sur ce courant littéraire dans une encyclopédie.

2. Trouvez quelques représentants de ce courant littéraire.

3. Rédigez un texte en employant le maximum de ces verbes dans les temps du passé.

Des participes passés II

Das Rätsel kann im fortgeschrittenen Französischunterricht eingesetzt werden, allerdings hinsichtlich der ersten beiden Zusatzaufgaben auch in der SII. Somit kann ein weiteres Spektrum abgedeckt werden.

1. geboren werden	naître	né,e
2. handeln	agir	agi,e
3. verschweigen	taire	tu,e
4. vereinen	unir	uni,e
5. zurückkommen	revenir	revenu,e
6. erscheinen	apparaître	apparu,e
7. lesen	lire	lu,e
8. untersagen	interdire	interdit,e
9. wissen	savoir	su,e
10. setzen, stellen	mettre	mis,e
11. ausschließen	exclure	exclu,e

Solution: **NATURALISME**

1. Le naturalisme est une théorie selon laquelle la littérature ou l'art doivent reproduire la nature et la réalité, même si cette image blesse les bienséances. Le naturalisme pousse les principes du réalisme, qui précède cette école, à l'extrême. Il tend à limiter cette peinture exacte aux milieux populaires.

2. Des représentants du naturalisme:
p.ex.: Emile Zola, Guy de Maupassant, Alphonse Daudet

Les nombres

C'est à vous de calculer un peu. Cherchez le résultat de votre calcul dans la grille suivante et marquez la case à l'aide d'un crayon de couleur. En trouvant plusieurs fois les mêmes résultats, il faut colorer chaque case qui contient ce chiffre. Une fois les calculs terminés, vous obtiendrez une année importante dans l'histoire de France.

1. quatre-vingt-treize moins trente-deux
2. mille douze divisé par vingt-deux
3. cinquante et un plus vingt-cinq
4. trois cent vingt-quatre moins dix-neuf
5. la racine de six mille sept cent vingt-quatre
6. soixante-douze plus quarante-deux
7. deux cent soixante-cinq divisé par cinq
8. dix-huit multiplié par trente-deux
9. trente-sept plus quatorze
10. quarante et un multiplié par trois
11. deux mille cent trente-six divisé par quatre-vingt-neuf
12. la racine de mille six cent quatre-vingt-un
13. dix-sept multiplié par dix-neuf
14. soixante et un moins onze
15. mille huit cent quinze divisé par trente-trois
16. la racine de mille cent cinquante-six

26	95	32	84	26	801	97	26	99	26	89	28	86	45	25
92	82	25	46	24	305	410	61	576	41	140	55	24	123	45
156	53	31	28	846	76	29	34	45	55	31	305	27	41	32
28	123	27	86	31	50	49	114	53	61	29	576	76	323	156
86	34	490	25	96	114	27	51	95	46	84	27	820	34	84
154	323	484	872	89	51	32	76	82	50	99	123	114	305	48
48	29	92	26	94	31	405	89	25	45	211	119	240	604	29

1. Quel événement s'est passé en cette année?
2. Quelle est la devise de cette époque?
3. Nommez trois personnes célèbres de ce temps-là.
4. Informez-vous sur ces personnes. Travaillez en groupe.

Les nombres

Das Rätsel kann bereits am Ende des 2. Jahres des Französischunterrichts eingesetzt werden, aber auch zur Wiederholung der Zahlen in der SII.

1. quatre-vingt-treize moins trente-deux = **61**
2. mille douze divisé par vingt-deux = **46**
3. cinquante et un plus vingt-cinq = **76**
4. trois cent vingt-quatre moins dix-neuf = **305**
5. la racine de six mille sept cent vingt-quatre = **82**
6. soixante-douze plus quarante-deux = **114**
7. deux cent soixante-cinq divisé par cinq = **53**
8. dix-huit multiplié par trente-deux = **576**
9. trente-sept plus quatorze = **51**
10. quarante et un multiplié par trois = **123**
11. deux mille cent trente-six divisé par quatre-vingt-neuf = **24**
12. la racine de mille six cent quatre-vingt-un = **41**
13. dix-sept multiplié par dix-neuf = **323**
14. soixante et un moins onze = **50**
15. mille huit cent quinze divisé par trente-trois = **55**
16. la racine de mille cent cinquante-six = **34**

26	95	32	84	26	801	97	26	99	26	89	28	86	45	25
92	82	25	46	24	305	410	61	576	41	140	55	24	123	45
156	53	31	28	846	76	29	34	45	55	31	305	27	41	32
28	123	27	86	31	50	49	114	53	61	29	576	76	323	156
86	34	490	25	96	114	27	51	95	46	84	27	820	34	84
154	323	484	872	89	51	32	76	82	50	99	123	114	305	48
48	29	92	26	94	31	405	89	25	45	211	119	240	604	29

1. la prise de la Bastille
2. liberté – égalité – fraternité
3. Danton – Robespierre – Marat
4. cf. Encyclopédie

Des prépositions

Ci-dessous, vous trouverez quelques prépositions dont c'est à vous de trouver les antonymes. Pour vous faciliter la recherche, il y a une liste qui contient les prépositions contraires, mais malheureusement pêle-mêle. Une préposition de cette liste n'a pas de correspondance. Si vous l'avez trouvée, il faudra chercher des villes françaises dont les initiales sont identiques aux lettres qui forment la préposition à trouver.

1. avant ____________________
2. derrière ____________________
3. pour ____________________
4. à droite de ____________________
5. à l'extérieur de ____________________
6. au-dessous de ____________________
7. près de ____________________
8. sur ____________________
9. avec ____________________
10. au début de ____________________
11. en deça de ____________________

au-dessus de – au bout de – devant – sous – après – parmi – loin de – au-delà de – contre – sans – à gauche de – à l'intérieur de

La préposition à trouver est ____________________

Les villes françaises sont: ____________________

____

Des prépositions

Der geringere Schwierigkeitsgrad dieses Rätsels ermöglicht einen Einsatz bereits im 2. Jahr des Französischunterrichts und dürfte auch schwächere Lerngruppen nicht überfordern. Dennoch ist die Wiederholung von Präpositionen auch in fortgeschrittenen Klassen sehr sinnvoll.

1. avant	**après**
2. derrière	**devant**
3. pour	**contre**
4. à droite de	**à gauche de**
5. à l'extérieur de	**à l'intérieur de**
6. au-dessous de	**au-dessus de**
7. près de	**loin de**
8. sur	**sous**
9. avec	**sans**
10. au début de	**au bout de**
11. en deça de	**au-delà de**

La préposition à trouver est «parmi».

Les villes françaises sont: p.ex.: Paris, Arcachon, Rennes, Marseille, Ivry

Le subjonctif II

Mettez dans les mots croisés suivants les formes de la troisième personne du singulier du subjonctif des verbes indiqués. Les lettres marquées contiennent le nom d'un poète du 16e siècle. Cherchez des informations sur ce poète dans une encyclopédie ou sur internet.

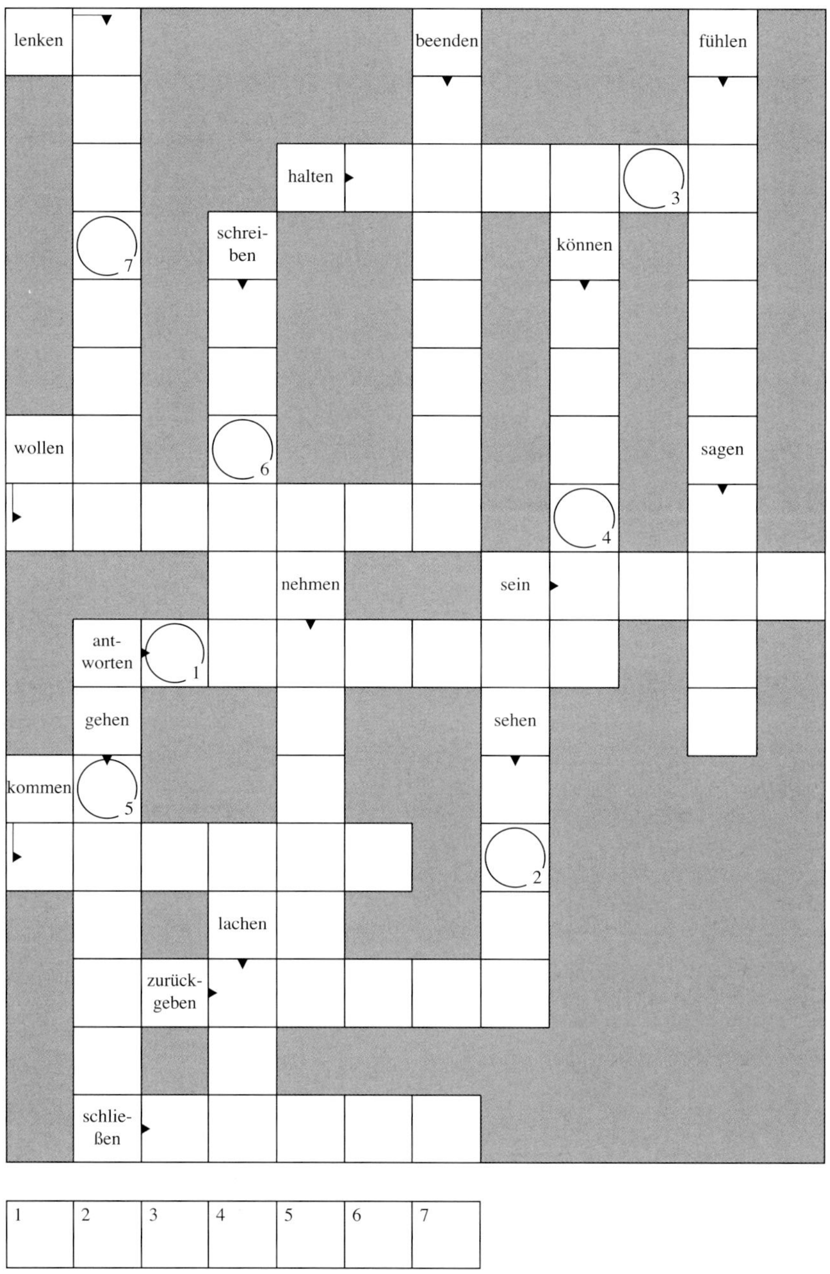

Le subjonctif II

Dieses Rätsel findet ab dem Ende des 3. oder zum Beginn des 4. Lernjahres Verwendung und kann auch in der SII eingesetzt werden.

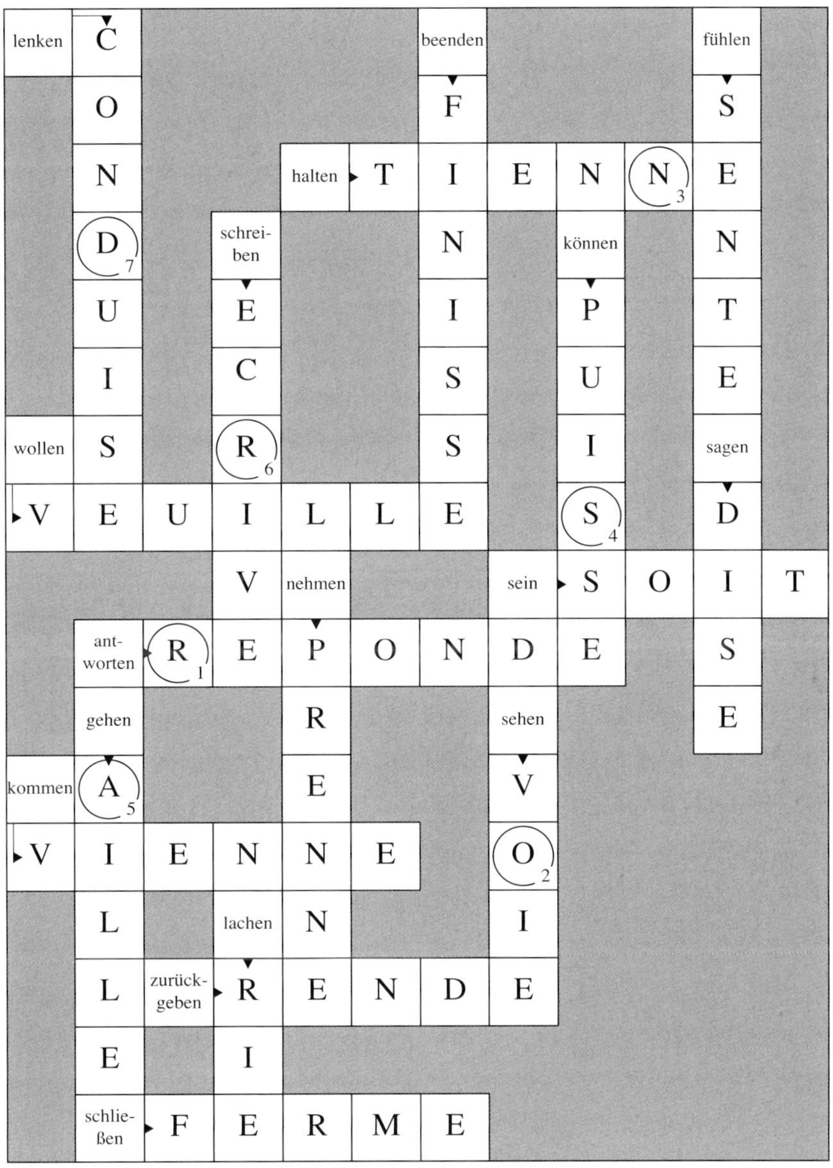

1 R	2 O	3 N	4 S	5 A	6 R	7 D

Pierre de Ronsard (1524–1585), poète français de la Renaissance, fonda la Pléiade, groupe de poètes, et écrivit de 1550–1552 les „Odes“, imitation de Pindare et d'Horace. Après, il publia les „Amours“, recueil de sonnets, la „Continuation des Amours“ et les „Amours d'Hélène“. Il devint poète officiel de la cour de Charles IX. Après les „Hymnes“ et les „Discours“, il publia une épopée – la Franciade – qui n'eut pas de succès.

La Normandie

Jean-Claude, jeune homme de Nancy, est parti en vacances avec quelques camarades. Il écrit une lettre à ses parents et – pour leur jouer un tour – la découpe en plusieurs morceaux. Son père a mis très vite de l'ordre dans ce pêle-mêle. Vous aussi?

Chère maman, cher papa!

vous, comment all- à cause de mon dé- fort	à ses rues étroites posé de déguster au pour moi. Moi, je Evêque et le Livar lendemain, nous a	our la Normandie. avec ses vieilles en 1431 Jeanne lés à Honfleur. eintres qui s'inté-	avons bu du cidre j'ai refusé, c' est s normands, le Ca- mangé le soir pen- St.-Michel. Nous
us sommes partis p une très belle ville et, vous savez, en ite nous sommes al y a beaucoup de p	bateau. Espérons ez-vous? J'espère part. J' attends de	que la mer ne sera que mon chien Her vos nouvelles et je	pas trop agitée. Et cule n' est pas triste vous embrasse bien Jean-Claude
et à son port. Nous ssi du calvados, mais préfère les fromage ot que nous avons vons visité le Mont	sommes montés par a été très intéressa asse d'où on a une il y a beaucoup tro jà un bouchon énor	les petites rues du nte. Devant l' églis très belle vue sur la p de touristes. me. Demain, nous	ressent à son église, et François m'a pro vraiment trop fort membert, le Pont l` dant le dîner. Le
Ça fait maintenant Nous avons passé maisons, ses églises d'Arc y est morte s Comme la ville est	baye dont la visite une grande terr- Mais, à mon avis king, il y avait dé- un pêcheur sur son	village jusqu'à l'ab e de l'abbaye, il y a côte et sur la mer. Pour arriver au par allons accompagner	une semaine que no deux jours à Rouen et ses cent tours. sur le bûcher. Ensu très pittoresque, il

1. *Informez-vous sur la Normandie.*
2. *Qu'est-ce que vous savez sur la ville de Nancy?*
3. *Ecrivez une petite lettre, découpez-la comme la lettre ci-dessus et présentez-la à votre voisin/e.*

La Normandie

Dieses Rätsel kann im 3. oder 4. Lernjahr Französisch eingesetzt werden.

Chère maman, cher papa!

Ça fait maintenant une semaine que nous sommes partis pour la Normandie. Nous avons passé deux jours à Rouen, une très belle ville avec ses vieilles maisons, ses églises et ses cent tours. Et, vous savez, en 1431 Jeanne d'Arc y est morte sur le bûcher. Ensuite nous sommes allés à Honfleur. Comme la ville est très pittoresque, il y a beaucoup de peintres qui s'inté-

ressent à son église, à ses rues étroites et à son port. Nous avons bu du cidre et François m'a proposé de déguster aussi du calvados, mais j'ai refusé, c'est vraiment trop fort pour moi. Moi, je préfère les fromages normands, le Camembert, le Pont l'Evêque et le Livarot que nous avons mangés le soir pendant le dîner. Le lendemain, nous avons visité le Mont St.-Michel. Nous

sommes montés par les petites rues du village jusqu'à l'abbaye dont la visite a été très intéressante. Devant l'église de l'abbaye, il y a une grande terrasse d'où on a une très belle vue sur la côte et sur la mer. Mais, à mon avis, il y a beaucoup trop de touristes. Pour arriver au parking, il y avait déjà un bouchon énorme. Demain, nous allons accompagner un pêcheur sur son

bateau. Espérons que la mer ne sera pas trop agitée. Et vous, comment allez-vous? J'espère que mon chien Hercule n'est pas triste à cause de mon départ. J'attends de vos nouvelles et je vous embrasse bien fort

Jean-Claude

1. *La Normandie, ancienne province de France, se trouve au nord-ouest du pays. Il y a la Basse-Normandie avec les départements du Calvados, de la Manche et de l'Orne et la Haute-Normandie avec les départements de l'Eure et de la Seine-Maritime. L'agriculture y occupe une place importante, mais il y a aussi du tourisme et de l'industrie telle que les constructions automobiles et navales et des raffineries de pétrole etc.*

2. *Nancy est le chef-lieu du département de la Meurthe-et-Moselle; on y trouve beaucoup d'industrie et de commerce, une université etc.. Les touristes sont attirés par la Cathédrale, l'Eglise gothique des Cordeliers et surtout par la place Stanislas.*

Des villes I

Voici un tableau qui contient une grande quantité de lettres. C'est maintenant à vous d'agencer les lignes de sorte que cinq colonnes verticales indiquent chacune le nom d'une ville française.

B	G	C	H	A	L	V	Y	C	R	S	B	T	D
A	H	M	I	E	G	A	S	T	E	U	V	X	L
E	N	O	U	L	R	I	B	R	G	N	H	I	A
R	A	D	E	H	D	E	N	B	D	U	E	G	B
I	U	N	M	U	B	E	L	M	N	U	G	U	L
E	D	B	S	U	S	D	N	G	S	U	B	E	V

Les villes à trouver sont:

1. ____________________________

2. ____________________________

3. ____________________________

4. ____________________________

5. ____________________________

1. Cherchez ces villes sur la carte. Dans quel département se trouvent-elles?
2. Travaillez en groupe.
Cherchez sur internet ou dans une encyclopédie des informations sur chacune des villes?

Des villes I

Das Rätsel kann sowohl im 3. Lernjahr als auch später in der SII eingesetzt werden. Hier wäre es auch sinnvoll eine Frankreichkarte in Umrissen einzusetzen, in die die Lernenden die gefundenen Städte oder auch andere eintragen.

		B	G	**C**	H	**A**	L	**V**	Y	**C**	R	S	**B**	T	D		
				A	H	**M**	I	**E**	G	**A**	S	T	**E**	U	V	X	L
E	N	O	U	**L**	R	**I**	B	**R**	G	**N**	H	I	**A**				
			R	**A**	D	**E**	H	**D**	E	**N**	B	D	**U**	E	G	B	
				I	U	**N**	M	**U**	B	**E**	L	M	**N**	U	G	U	L
	E	D	B	**S**	U	**S**	D	**N**	G	**S**	U	B	**E**	V			
				↑		↑		↑		↑			↑				

Les villes à trouver sont:

1. **Calais**
2. **Amiens**
3. **Verdun**
4. **Cannes**
5. **Beaune**

a) 1. Calais = le Pas-de-Calais 2. Amiens = la Somme 3. Verdun = la Meuse
4. Cannes= les Alpes Maritimes 5. Beaune= la Côte-d'Or

b) ***Calais*** *= premier port français de voyageurs; ville industrielle, mais aussi ville d'art: Eglise Notre Dame, citadelle, tour du guet; monument des Bourgeois de Calais par Rodin*
Amiens *= centre agricole et industriel; ville d'art: la cathédrale d'Amiens, chef-d'oeuvre gothique, est la plus vaste église de France; université*
Verdun *= lieu de la principale bataille de la Première Guerre mondiale (1916); des monuments intéressants tels que la cathédrale, la Porte Chaussée et l'Hôtel de ville qui renferme le musée de la Guerre;*
Cannes *= ville élégante située sur la Côte d'Azur; station balnéaire; festival annuel international du cinéma*
Beaune *= ville connue par ses vins, située en Bourgogne; vente annuelle des vins des Hospices; célèbre Hôtel-Dieu dans lequel se trouve le polyptyque du Jugement dernier par Van der Weyden*

L'organisation des pouvoirs

Voici quelques questions sur l'organisation des pouvoirs en France. Les réponses sont en bas de la page, mais dans le désordre bien-sûr. Les lettres indiquées par les chiffres entre parenthèses, mises dans l'ordre correct, vous indiquent le nom de la première femme qui a occupé le poste de Premier ministre en France.

1. Qui nomme le Premier ministre? (7)
2. Quelle institution se compose de 577 députés? (5)
3. Comment s'appelle le fait que le président s'adresse directement aux citoyens pour faire voter une loi? (10)
4. Qui est le chef d'une commune? (6)
5. Quelle institution est à la tête d'un département? (3)
6. Comment s'appelle le délégué du gouvernement dans la région? (8)
7. Où l'Assemblée nationale se réunit-elle? (8)
8. Qui forme le Parlement avec l'Assemblée nationale? (3)
9. Quelle est la résidence du Premier ministre? (2)
10. Comment appelle-t-on le transfert des compétences de l'Etat vers la région ou la commune? (7)
11. Quelle institution juge les crimes? (4)
12. Qu'est-ce-qui prouve que votre voiture vous appartient? (7)

l'Assemblée nationale – le Sénat – la cour d'assises – le référendum – l'Hôtel Matignon – le maire – le président de la République – la carte grise – le Palais Bourbon – le conseil général – le Préfet (de région) – la décentralisation

Le nom de la femme est ______________________________

L'organisation des pouvoirs

Das Rätsel kann ohne weiteres am Ende des 3. oder während des 4. Lernjahres eingesetzt werden, jedoch auch in der SII im Rahmen einer Thematik über französische Politik oder das Staatswesen der Nachbarn.

1. Qui nomme le Premier ministre? – le prés**i**dent de la République
2. Quelle institution se compose de 577 députés? – L'Ass**e**mblée nationale
3. Comment s'appelle le fait que le président s'adresse directement aux citoyens pour faire voter une loi? – le référen**d**um
4. Qui est le chef d'une commune? – le mai**r**e
5. Quelle institution est à la tête d'un département? – le **c**onseil général
6. Comment s'appelle le délégué du gouvernement dans la région? – le Préfe**t** (de région)
7. Où l'Assemblée nationale se réunit-elle? – au Palai**s** Bourbon
8. Qui forme le Parlement avec l'Assemblée nationale? – le **S**énat
9. Quelle est la résidence du Premier ministre? – l'**H**ôtel Matignon
10. Comment appelle-t-on le transfert des compétences de l'Etat vers la région ou la commune? – la décen**t**ralisation
11. Quelle institution juge les crimes? – la c**o**ur d'assises
12. Qu'est-ce-qui prouve que votre voiture vous appartient? – la cart**e** grise

Le nom de la femme est «Edith Cresson».

Des départements

Voici quelques départements, mais malheureusement chiffrés. C'est à vous de déchiffrer le code. Les lettres indiquées par les chiffres entre parenthèses, lues de haut en bas, désignent un autre département. Il n'y a que des minuscules pour ne pas compliquer le code.

1. ❖□⬧♑♏⬧ (3) ______________________
2. ●♋■♎♏⬧ (5) ______________________
3. ♋♓⬧■♏ (2) ______________________
4. ♍♒♋❒♏■♦♏ (6) ______________________
5. ❖♏■♎⬆♏ (2) ______________________
6. ♑♓❒□■♎♏ (7) ______________________
7. ♦♋❒■ (1) ______________________
8. ❍□❒♌♓♒♋■ (1) ______________________
9. ♍♋●❖♋♎□⬧ (2) ______________________
10. □❒■♏ (2) ______________________
11. ♍♋■♦♋● (3) ______________________
12. ♍❒♏◆⬧♏ (3) ______________________

Hilfswort: ❖♋◆♍●◆⬧♏ = vaucluse

Le département à trouver est la ______________________

1. Cherchez les numéros indiquant les départements ci-dessus indiqués.
2. Dans quelles régions les départements se trouvent-ils?

Des départements

Dieses Rätsel eignet sich für das 3. oder 4. Lernjahr, aber auch für die SII bei der Behandlung eines Themas mit landeskundlichen Aspekten. Auch hier sollte eine leere Frankreichkarte eingesetzt werden, die nur die Linien zur Abgrenzung der Regionen und Departements enthält.

1. ❖□⬧♑♏⬧ = vo**s**ges
2. ●♋■♎♏⬧ = land**e**s
3. ♋♓⬧■♏ = a**i**sne
4. ♍♒♋❒♏■◆♏ = chare**n**te
5. ❖♏■♎⬆♏ = v**e**ndée
6. ♑♓❒□■♎♏ = girond**e**
7. ◆♋❒■ = **t**arn
8. ❍□❒♌♓♒♋■ = **m**orbihan
9. ♍♋●❖♋♎□⬧ = c**a**lvados
10. □❒■♏ = o**r**ne
11. ♍♋■◆♋● = ca**n**tal
12. ♍❒♏◆⬧♏ = cr**e**use

Le département à trouver est (la) «Seine-et-Marne».

1/2.
1. Vosges (88) – Lorraine
2. Landes (40) – Aquitaine
3. Aisne (02) – Picardie
4. Charente (16) – Poitou-Charentes
5. Vendée (85) – Pays-de-la-Loire
6. Gironde (33) – Aquitaine
7. Tarn (81) – Midi-Pyrénées
8. Morbihan (56) – Bretagne
9. Calvados (14) – Basse-Normandie
10. Orne (61) – Basse-Normandie
11. Cantal (15) – Auvergne
12. Creuse (23) – Limousin

La Côte d'Azur

Vrai ou faux? Notez les lettres correspondant à la réponse juste et mettez-les dans l'ordre correct. La solution est une promenade très connue sur la Côte d'Azur.

	vrai	**faux**
1. Nice est un centre commercial de fleurs et de primeurs.	O	B
2. Vers le début du Ve siècle avant J.-Chr., la colonie grecque de Massilia fonda Nice.	R	N
3. La ville de Nice a une langue à elle: le niçois.	E	D
4. La salade niçoise est un grand repas chaud.	G	T
5. L'hôtel le plus connu de Nice est le Carlton, symbole de la Belle Epoque.	F	C
6. Vallauris est une petite ville renommée pour son industrie de la céramique et souvent visitée par Picasso depuis 1947.	A	H
7. Monaco est un royaume enclavé dans le département français des Alpes Maritimes.	M	I
8. La Promenade des Anglais est la célèbre promenade de Cannes.	P	S
9. Le Casino de Monte Carlo a été construit par Charles Garnier, l'architecte du Centre Pompidou à Paris.	Q	L
10. Le Musée Jean-Cocteau se trouve à Menton.	T	U
11. La Palme d'Or du Festival de Cannes est un prix donné tous les ans au roman considéré comme le meilleur de l'année.	V	E

La Promenade est ______________________________.

1. Corrigez les fautes.
2. Informez-vous sur cette région et les villes mentionnées.

La Côte d'Azur

Dieses Rätsel findet seine Verwendung im 3.–4. Lernjahr, aber auch in der SII.

	vrai	faux
1. Nice est un centre commercial de fleurs et de primeurs.	**O**	B
2. Vers le début du Ve siècle avant J.-Chr., la colonie grecque de Massilia fonda Nice.	**R**	N
3. La ville de Nice a une langue à elle: le niçois.	**E**	D
4. La salade niçoise est un grand repas chaud.	G	**T**
5. L'hôtel le plus connu de Nice est le Carlton, symbole de la Belle Epoque.	F	**C**
6. Vallauris est une petite ville renommée pour son industrie de la céramique et souvent visitée par Picasso depuis 1947.	**A**	H
7. Monaco est un royaume enclavé dans le département français des Alpes Maritimes.	M	**I**
8. La Promenade des Anglais est la célèbre promenade de Cannes.	P	**S**
9. Le Casino de Monte Carlo a été construit par Charles Garnier, l'architecte du Centre Pompidou à Paris.	Q	**L**
10. Le Musée Jean-Cocteau se trouve à Menton.	**T**	U
11. La Palme d'Or du Festival de Cannes est un prix donné tous les ans au roman considéré comme le meilleur de l'année.	V	**E**

La Promenade est la Croisette.

4. La salade niçoise est un repas froid.
5. L'hôtel le plus connu de Nice est le Negresco.
7. Monaco est une principauté …
8. La Promenade des Anglais est la célèbre promenade de Nice.
9. … a été construit par Charles Garnier, architecte de l'Opéra de Paris.
11. … un prix donné tous les ans au film considéré …

Le calendrier des fêtes

Quelles sont les fêtes? Chaque chiffre désigne une lettre. Ne tenez pas compte des accents. La solution est une fête célébrée au mois de janvier.

1. la nativité du Christ
2. la résurrection du Christ
3. lc dernier jour de l'an
4. la montée au ciel de la Vierge Marie
5. la présentation de Jésus au Temple
6. le commencement d'une nouvelle année
7. fête célébrée le 14 juillet
8. fête célébrée en l'honneur de tous les Saints
9. la descente du Saint-Esprit sur les apôtres

1. ___ ___ ___ ___
8 11 5 13

2. ___ ___ ___ ___ ___ ___
10 1 6 3 5 18

3. ___ ___ ___ ___ ___ ___ ___ ___ ___ ___ ___ ___ ___ ___ ___
18 1 17 8 2 18 20 13 12 5 18 2 15 5

4. ___' ___ ___ ___ ___ ___ ___ ___ ___ ___ ___
13 1 18 18 11 4 10 2 17 11 8

5. ___ ___   ___ ___ ___ ___ ___ ___ ___ ___ ___ ___
13 1   7 9 1 8 14 5 13 5 3 15

6. ___ ___   ___ ___ ___ ___   ___ ___   ___' ___ ___
13 5   16 11 3 15   14 5   13 1 8

7. ___ ___   ___ ___ ___ ___   ___ ___ ___ ___ ___ ___ ___ ___ ___
13 1   19 5 2 5   8 1 2 17 11 8 1 13 5

8. ___ ___   ___ ___ ___ ___ ___ ___ ___ ___ ___
13 1   2 11 3 18 18 1 17 8 2

9. ___ ___   ___ ___ ___ ___ ___ ___ ___ ___ ___
13 1   10 5 8 2 5 7 11 2 5

La solution: ___ ___ ___ ___ ___ ___ ___ ___ ___
5 10 17 10 9 1 8 17 5

1. Informez-vous sur la tradition de cette fête.
2. Qu'est-ce que vous savez du 14 juillet?

Le calendrier des fêtes

Dieses Rätsel kann ab der Mitte des 3. Lernjahres eingesetzt werden.

Eine weitere Aufgabenmöglichkeit ist:
„Mettez les fêtes mentionnées dans l'ordre chronologique et complétez votre calendrier par d'autres fêtes."

1	2	3	4	5	6	7	8	9	10	11	12	13	14	15	16	17	18	19	20
A	T	U	M	E	Q	C	N	H	P	O	V	L	D	R	J	I	S	F	Y

1. Noël

2. Pâques

3. Saint Sylvestre

4. l'Assomption

5. la Chandeleur

6. le Jour de l'an

7. la Fête Nationale

8. la Toussaint

9. la Pentecôte

Solution: **Epiphanie**

1. *C'est la fête chrétienne célébrée le 6 janvier en mémoire de la visite des Rois mages à Jésus nouveau-né. On consomme la Galette des Rois, gâteau dans lequel se cache la „fève", petite figurine de porcelaine. Celui qui trouve cet objet dans son morceau de gâteau reçoit une couronne en papier doré et la fève lui portera – dit-on – bonheur pendant toute l'année.*

2. *La Fête Nationale est l'anniversaire de la prise de la Bastille en 1789. On organise de grands feux d'artifice et des bals.*

Un peu d'histoire

Voici quelques dates de l'histoire de France. Faites l'addition des dates. Le résultat, divisé par 10 moins 1000 plus 1, indique la date du début du règne de Philippe VI, de Valois.

1. le début des guerres de religion ____________
2. le massacre de la Saint-Barthélemy ____________
3. l'édit de Nantes ____________
4. les traités de Westphalie – la fin de la guerre de Trente Ans ____________
5. la mort de Louis XIV ____________
6. la prise de la Bastille ____________
7. Waterloo – la fin de l'Empire de Napoléon ____________
8. le début de la IIe République ____________
9. la fin de la Première Guerre mondiale ____________
10. début de l'Etat français présidé par Pétain à Vichy ____________
11. la fin de la Deuxième Guerre mondiale ____________
12. début de la Ve République ____________
13. la fin de la guerre d'Algérie ____________

La date à trouver est ____________

1. Trouvez des informations sur les dates mentionnées en haut. Travaillez à deux et présentez vos résultats en classe.

2. C'est à vous de trouver d'autres dates importantes de l'histoire de France.

Un peu d'histoire

Dieses Rätsel kann unter Einsatz der einschlägigen Hilfsmittel am Ende des 3. Lernjahres oder im 4. Lernjahr eingesetzt werden. Es findet aber auch seine Verwendung in der SII und zwar im Zusammenhang mit einem historisch orientierten Thema oder der Behandlung landeskundlich relevanter Bereiche.

1. le début des guerres de religion	1562
2. le massacre de la Saint-Barthélemy	1572
3. l'édit de Nantes	1598
4. les traités de Westphalie – la fin de la guerre de Trente Ans	1648
5. la mort de Louis XIV	1715
6. la prise de la Bastille	1789
7. Waterloo- la fin de l'Empire de Napoléon	1815
8. le début de la IIe République	1848
9. la fin de la Première Guerre mondiale	1918
10. début de l'Etat français présidé par Pétain à Vichy	1940
11. la fin de la Deuxième Guerre mondiale	1945
12. début de la Ve République	1958
13. la fin de la guerre d'Algérie	1962

La date à trouver est 1328.

Des villes II

Voici quelques villes françaises, mais malheureusement, il y a des lettres qui manquent. C'est à vous de remplir ces lacunes. Les lettres entre parenthèses, lues de haut en bas, indiquent le nom d'une ancienne province située dans le Midi.

1. V __ (__) __ N C E
2. B __ S (__) __ __ O N
3. N __ (__) T __ S
4. A V __ (__) N __ __
5. __ O (__) L __ U __ E
6. G __ (__) N __ __ L E
7. S __ (__) A __
8. L I __ (__) G __ S
9. __ I (__) E

1. La province à trouver est le ________________________.

2. Situez les villes en commençant par le nord en direction du sud.

1. ________________________ 2. ________________________

3. ________________________ 4. ________________________

5. ________________________ 6. ________________________

7. ________________________ 8. ________________________

9. ________________________

3. Travaillez en petits groupes et présentez les villes à vos camarades. Vous pouvez p.ex. faire une affiche avec des photos tirées de l'internet et vos explications etc.

Des villes II

Dieses Rätsel könnte bereits im Verlauf des 2. Lernjahres eingesetzt werden, auf jeden Fall jedoch in den weiteren Klassen und Kursstufen.

1. V A (**L**) E N C E
2. B E S (**A**) N C O N
3. N A (**N**) T E S
4. A V I (**G**) N O N
5. T O (**U**) L O U S E
6. G R (**E**) N O B L E
7. S E (**D**) A N
8. L I M (**O**) G E S
9. N I (**C**) E

1. La province à trouver est le **Languedoc**.

2. Situez les villes en commençant par le nord en direction du sud.

1. Sedan	2. Nantes
3. Besançon	4. Limoges
5. Grenoble	6. Valence
7. Avignon	8. Nice
9. Toulouse	

Des fleuves

Qu'est-ce qui s'est passé? Un petit diable a échangé les lettres contre des symboles. C'est à vous de déchiffrer le code. Les chiffres entre parenthèses correspondent à une lettre du mot à déchiffrer. Remises dans l'ordre correct elles indiquent deux régions, situées l'une en Saône-et-Loire, l'autre dans le département du Pas-de-Calais.

1. ⬩ ♋ ❒ ◆ ♒ ♏ (4) ________________
2. ♓ ■ ♎ ❒ ♏ (1) ________________
3. ♑ ♓ ❒ □ ■ ♎ ♏ (3) ________________
4. ♑ ♋ ❒ □ ■ ■ ♏ (2) ________________
5. ❒ ♒ □ ■ ♏ (2) ________________
6. ⬩ ♏ ♓ ■ ♏ (3) ________________
7. ❍ ♋ ❒ ■ ♏ (2) ________________
8. ❖ ♓ ● ♋ ♓ ■ ♏ (3) ________________
9. ● □ ♓ ❒ ♏ (2) ________________
10. ❍ □ ⬩ ♏ ● ● ♏ (3) ________________
11. ♍ ♒ ♏ ❒ (1) ________________
12. ♎ □ ❒ ♎ □ ♑ ■ ♏ (2) ________________
13. ♎ ◆ ❒ ♋ ■ ♍ ♏ (4) ________________
14. ♎ ❒ □ ❍ ♏ (2) ________________
15. □ ♓ ⬩ ♏ (3) ________________

Pour vous aider, voici une clé: ⬩ ♋ □ ■ ♏ = SAONE

1. Quelles sont les deux régions à trouver?
2. Quels sont les fleuves cachés? Cherchez les fleuves sur une carte de la France et notez au moins une ville importante qui se trouve au bord de ce fleuve.

Des fleuves

Auch dieses Rätsel könnte bereits am Ende des 2. Lernjahres oder aber während des 3. Lernjahres Französisch eingesetzt werden. Es leistet jedoch ebenfalls seine Dienste bei landeskundlich orientierten Themen in der SII.

1. **Sar*t*he**
2. ***I*ndre**
3. **Gi*r*onde**
4. **G*a*ronne**
5. **R*h*ône**
6. **Se*i*ne**
7. **M*a*rne**
8. **Vi*l*aine**
9. **L*o*ire**
10. **Mo*s*elle**
11. ***C*her**
12. **D*o*rdogne**
13. **Dur*a*nce**
14. **D*r*ôme**
15. **Oi*s*e**

Les deux régions à trouver sont le **Charolais** et **l'Artois**.

Peintres et compositeurs

Les syllabes suivantes cachent quinze peintres ou compositeurs. L'ordre est donné par les prénoms, mais il faut aussi un peu de talent de combinaison. Les chiffres entre parenthèses, qui désignent une lettre, indiquent un peintre, lithographe et affichiste français du 19e siècle. Pour vous aider, vous trouverez des syllabes qui commencent par une majuscule indiquant la première partie du nom.

Ber – Bi – Bou – bus – Cé – De – din – Fra – Gau – Gou – guin – go – gres – In – lez – li – Lul – ly – Ma – Mo – nard – ne – net – nod – oz – Pis – sar – Ro – ro – se – sy – teau – tis – Wat – zan – zet

1. Georges ________________________ (5)
2. Jean Honoré ________________________ (5)
3. Paul ________________________ (3)
4. Pierre ________________________ (4)
5. Charles ________________________ (2)
6. Jean-Baptiste ________________________ (2)
7. Camille ________________________ (4)
8. Claude ________________________ (4)
9. Hector ________________________ (4)
10. Antoine ________________________ (2)
11. Achille Claude ________________________ (4)
12. Henri ________________________ (3)
13. Auguste ________________________ (1)
14. Jean Auguste Dominique ________________________ (5)
15. Paul ________________________ (1)

Le peintre à trouver est ________________________

1. Quel est le vrai nom de ce peintre?
2. Cherchez quelques dates de sa vie.
3. Choisissez un des artistes et présentez-le en classe. Essayez de trouver des exemples pour le travail de l'artiste (pièce musicale, tableau, affiche etc.).

Peintres et compositeurs

Dieses Rätsel ist wohl frühestens am Ende des 4. Lernjahres zu lösen. Es hat aber durchaus seinen Platz in der SII und schult zu gleicher Zeit den Umgang mit den in Frage kommenden Hilfsmedien. Auch vermittelt es ein Stück der in der heutigen Zeit leider zum Teil abhanden gekommenen Allgemeinbildung.

1. Georges	**Bize*t***
2. Jean Honoré	**Frag*o*nard**
3. Paul	**Ga*u*guin**
4. Pierre	**Bou*l*ez**
5. Charles	**G*o*unod**
6. Jean-Baptiste	**L*u*lly**
7. Camille	**Pis*s*arro**
8. Claude	**Mon*e*t**
9. Hector	**Ber*l*ioz**
10. Antoine	**W*a*tteau**
11. Achille Claude	**Deb*u*ssy**
12. Henri	**Ma*t*isse**
13. Auguste	***R*odin**
14. Jean Auguste Dominique	**Ingr*e*s**
15. Paul	***C*ézanne**

Le peintre à trouver est «Toulouse-Lautrec».

1. *Henri Marie Raymond de Toulouse-Lautrec-Monfa.*
2. *né en 1864 – descendant des comtes de Toulouse – malformé – s'installe à Paris en 1881 – à Montmartre en 1884 – 5000 dessins, plus de 1000 peintures – près de 400 lithographies – séjour dans une clinique de Neuilly – alcoolique – mort en 1901*

Le film français

Dans la grille suivante, vous trouverez les noms de quelques acteurs/actrices et de metteurs en scène, mais aussi des termes qui sont en rapport avec le cinéma. (11)
Cherchez-les et mettez les initiales dans l'ordre correct pour trouver les noms de deux vedettes célèbres du cinéma des années 50–70 du XXe siècle. (Les mots peuvent être placés horizontalement, verticalement ou en diagonale, à l'endroit ou à l'envers.)

A	C	T	E	U	R	C	T	B	N
R	E	T	Z	U	P	B	R	C	X
R	C	R	A	D	R	T	U	N	E
U	A	E	I	O	T	U	F	X	S
E	L	O	M	B	E	R	F	S	U
T	E	P	D	B	R	C	A	C	E
A	I	H	E	N	I	N	U	M	R
S	T	U	N	C	O	U	T	B	V
I	I	L	E	C	N	M	I	O	U
L	R	S	U	V	B	N	L	M	O
A	R	T	V	C	X	Y	L	E	P
E	V	E	E	C	R	A	N	I	B
R	C	X	S	D	F	G	H	I	O
V	N	H	C	U	O	L	E	L	M

Les deux vedettes s'appellent: ______________________________

1. Qui sont les réalisateurs?
2. Qui sont les acteurs/actrices?
3. Quels sont les prénoms des deux vedettes à trouver?
4. Cherchez toutes les expressions qui concernent le film. Faites un centre thématique.

Le film français

Dieses Rätsel findet seinen Einsatz in der SII, in der die Beschäftigung mit Produkten des französischen Films sinnvoll ist. Dabei wird auch der dementsprechende Wortschatz vermittelt und ausgebaut.

A	C	T	E	U	R	C	T	B	N
R	E	T	Z	U	P	B	R	C	X
R	C	R	A	D	R	T	U	N	E
U	A	E	I	O	T	U	F	X	S
E	L	O	M	B	E	R	F	S	U
T	E	P	D	B	R	C	A	C	E
A	I	H	E	N	I	N	U	M	R
S	T	U	N	C	O	U	T	B	V
I	I	L	E	C	N	M	I	O	U
L	R	S	U	V	B	N	L	M	O
A	R	T	V	C	X	Y	L	E	P
E	V	E	E	C	R	A	N	I	B
R	C	X	S	D	F	G	H	I	O
V	N	H	C	U	O	L	E	L	M

Les mots à trouver sont:

BELMONDO – ACTEUR – REALISATEUR – DARC – OPHULS – TRUFFAUT – DENEUVE – ECRAN – LELOUCH – OUVREUSE – NOIRET

La solution: (Brigitte) Bardot – (Alain) Delon

Les réalisateurs: Max Ophuls – François Truffaut – Claude Lelouch

Les acteurs/actrices: Jean-Paul Belmondo – Mireille Darc – Catherine Deneuve – Philippe Noiret

Auteurs et poètes

Formez à partir des syllabes suivantes les noms de douze auteurs et poètes français. Les lettres initiales, mises dans l'ordre correct, indiquent le nom d'un philosophe du 17e siècle et celui d'un grand romancier du 19e siècle.

a – a – a – a – bau – ca – cor – da – de – dhal – fon – gon – la – la – la – lai – le – li – mar – mov – mus – nai – ne – ne – neil – nouilh – pol – pré – ra – re – re – sten – tai – ti – vert – zo

1. ______________________________

2. ______________________________

3. ______________________________

4. ______________________________

5. ______________________________

6. ______________________________

7. ______________________________

8. ______________________________

9. ______________________________

10. ______________________________

11. ______________________________

12. ______________________________

Les auteurs à trouver sont ________________ et ________________

1. Cherchez d'autres informations sur les auteurs à trouver à l'aide d'une encyclopédie ou sur internet.

2. Quels sont les prénoms de tous les auteurs que vous avez trouvés?

Auteurs et poètes

Dieses Rätsel ist für den Einsatz in der SII gedacht. Es soll die Lernenden dazu anhalten, sich grobflächig über die französische Literatur zu informieren. Dabei ist bewusst auf eine Spezialisierung hinsichtlich einer Epoche verzichtet worden, da dies entweder den Einbau noch unbekannterer Autoren oder aber eine so intensive Arbeit verlangte, die z.T. selbst in Proseminaren der Universität nicht mehr geleistet wird.

1. (Charles) **B**audelaire
2. (Louis) **A**ragon
3. (Alphonse de) **L**amartine
4. (Emile) **Z**ola
5. (Guillaume) **A**pollinaire
6. (Pierre) **C**orneille
7. (Jacques) **P**révert
8. (Arthur) **A**damov
9. **S**tendhal, (Henri Beyle, dit)
10. (Albert) **C**amus
11. (Jean) **A**nouilh
12. (Jean de) **L**a Fontaine

Les auteurs à trouver sont: Balzac et Pascal

a) Honoré de Balzac (1799–1850) consacre sa vie à un travail gigantesque: il écrit presque cent ouvrages dont la totalité est appelée „La condition humaine“. Quelques titres célèbres: „Eugénie Grandet“, „Le père Goriot“, „La Cousine Bette“, „Les Chouans“ etc. Balzac est peintre réaliste de la société française de son siècle.

b) Blaise Pascal (1623–1662) est à la fois savant, écrivain et philosophe. Il fut en relation avec les jansénistes de Port Royal et les défend dans leur lutte contre les jésuites („Lettres provinciales“). Puis il écrivit les „Pensées“ (publiées en 1670, après sa mort), à savoir une apologie de la religion chrétienne.

Des oeuvres littéraires

Complétez les titres des oeuvres littéraires. Les lettres qui désignent la solution correcte, indiquent le titre d'un drame de Jean Anouilh.

1. Les mains …

a) sales
b) propres
c) rouges
d) blanches

2. En attendant …

l) Dieu
m) Candide
n) Godot
o) Phèdre

3. Madame

q) Mathilde
r) Dubarry
s) de Stael
t) Bovary

4. Le … de Monte-Christo

h) duc
i) comte
j) baron
k) prince

5. Les trois …

e) touristes
f) mouches
g) mousquetaires
h) enfants

6. (Les) Lettres de mon …

o) moulin
p) château
q) village
r) amour

7. Le tour du monde en … jours

k) 30
l) 90
m) 50
n) 80

8. La Bête …

d) inconnue
e) humaine
f) malentendue
g) divine

1. Nommez les titres de trois autres drames de Jean Anouilh.

2. Quels sont les auteurs des oeuvres 1–8?

Des oeuvres littéraires

Auch dieses Rätsel ist für den Einsatz in der SII gedacht und dient bewusst einem globaleren Überblick über einige Werke der französischen Literatur, die die Lernenden neugierig machen könnte, die eine oder andere Schrift selbst zu lesen. Die Freude, eigenständig mit Hilfe entsprechender Medien die richtige Lösung zu finden, soll nicht durch einseitige Verlagerung der Titel in eine ganz bestimmte Epoche und eine dadurch notwendige spezialisierende Erschwerung getrübt werden.

Les titres des oeuvres à trouver sont:

a) Les mains sales

n) En attendant Godot

t) Madame Bovary

i) Le comte de Monte-Christo

g) Les trois mousquetaires

o) Les Lettres de mon moulin

n) Le tour du monde en 80 jours

e) La Bête humaine

Le titre du drame de Jean Anouilh est: **Antigone**

1. Trois autres drames de Jean Anouilh sont:

1. Médée 2. Le Bal des Voleurs 3. L'Invitation au Château

2. Les auteurs des oeuvres littéraires 1–8 sont:

1. Sartre 2. Beckett 3. Flaubert 4. Dumas 5. Dumas 6. Daudet 7. Verne 8. Zola

Des auteurs français I

Voici les prénoms de sept auteurs français. C'est à vous de trouver leurs noms de famille. Les chiffres entre parenthèses qui désignent une lettre indiquent le nom de famille d'un auteur né à Liège qui a inventé le personnage d'un célèbre commissaire.

1. Jean-Paul ______________________________ (1)

2. Eugène ______________________________ (1)

3. Guy de ______________________________ (1)

4. André ______________________________ (4)

5. Jean ______________________________ (5)

6. Emile ______________________________ (2)

7. Marcel ______________________________ (4)

L'auteur à trouver est ______________________________

1. Quel est le prénom de l'auteur à trouver?

2. Quel est le nom du commissaire créé par cet auteur?

3. Trouvez le titre de l'une des oeuvres créées par les auteurs indiqués ci-dessus.

Des auteurs français I

Für dieses Rätsel gelten die Feststellungen, die auch für das Vorgängerrätsel getroffen worden sind.

1. Jean-Paul	**S**artre
2. Eugène	**I**onesco
3. Guy de	**M**aupassant
4. André	Gid**e**
5. Jean	Raci**n**e
6. Emile	Z**o**la
7. Marcel	Pag**n**ol

L'auteur à trouver est «Georges Simenon».

2. Le nom du commissaire est «Maigret».

3. Sartre: Les Mouches, L'Etre et le Néant, Les mains sales
Ionesco: Rhinocéros
Maupassant: Bel Ami, Boule de Suif etc.
Gide: L'Immoraliste, La symphonie pastorale etc.
Racine: Phèdre, Andromaque
Zola: L'Assommoir, Germinal, La Bête humaine
Pagnol: Marius, Fanny, César, La femme du boulanger

Littérature

Les indices suivants vous montrent le chemin vers des auteurs français qui sont très connus. Essayez de trouver leurs noms en vous servant des moyens disponibles. Les lettres initiales, lues de haut en bas, vous indiquent le nom de famille d'une femme, auteur du siècle passé.

Henri Beyle – Le Rouge et le Noir roman – 1783–1842 – La Chartreuse de Parme ______________________

Guillaume – poète – Calligrammes – Alcools – Le pont Mirabeau – précurseur du mou – vement surréaliste ______________________

Jean – Siegfried – La guerre de Troie n'aura pas lieu – des anachronismes – des drames antiques ______________________

Jean – Le voyageur sans bagage – 20e siècle- l'art dramatique – Antigone ______________________

Gérard de – 19e siècle – Les Chimères – un poète maudit – Aurélia – des poèmes en prose ______________________

Le nom à trouver est ________________________________

1. Quel est le roman le plus connu écrit par la femme à trouver?

2. Faites des recherches sur cette femme à l'aide d'internet ou d'une encyclopédie.

3. Cherchez à l'aide d' internet ou d'une histoire de la littérature des informations sur les 5 auteurs à trouver et présentez-les à vos camarades. Travaillez à deux ou en groupe.

Littérature

Dieses Rätsel wird mit Gewinn in einem Grundkurs oder Leistungskurs der SII eingesetzt werden können. Die Schülerinnen und Schüler erhalten so Informationen über Autoren aus 2 Jahrhunderten, wobei ihr Spürsinn angestachelt wird.

Henri Beyle – Le Rouge et le Noir – roman – 1783–1842 – La Chartreuse de Parme	**Stendhal**
Guillaume – poète – Calligrammes – Alcools – Le pont Mirabeau – précurseur du mou – vement surréaliste	**Apollinaire**
Jean – Siegfried – La guerre de Troie n'aura pas lieu – des anachronismes – des drames antiques	**Giraudoux**
Jean – Le voyageur sans bagage – 20e siècle- l'art dramatique – Antigone	**Anouilh**
Gérard de – 19e siècle – Les Chimères – un poète maudit – Aurélia – des poèmes en prose	**Nerval**

Le nom à trouver est «(Françoise) Sagan».

Le roman le plus connu est: Bonjour tristesse.

Françoise Sagan dont le vrai nom est F. Quoirez, est née en 1935 et morte en 2004. Elle a écrit des romans, mais aussi des pièces de théâtre comme „Les Violons parfois".

Des auteurs français II

Voici les noms de huit auteurs français, cachés dans une grille. C'est à vous de trouver leurs prénoms. Les initiales des prénoms, mises dans l'ordre correct, indiquent le nom d'un poète du 19e siècle. (Les mots peuvent être placés horizontalement, verticalement ou en diagonale, à l'endroit ou à l'envers.)

X	A	C	F	G	H	O	A	L	M	N	A
C	X	A	B	N	I	L	O	L	B	R	C
V	O	M	J	G	O	L	P	S	A	A	E
Z	T	U	D	Z	S	O	P	G	G	H	M
R	E	S	V	N	P	L	O	C	X	A	A
U	T	I	O	P	H	N	H	D	S	A	L
P	O	I	Z	T	R	E	W	S	P	O	R
E	B	A	L	C	X	Y	M	A	B	V	A
O	R	T	E	W	Q	P	T	R	V	C	U
P	M	N	U	T	R	O	T	U	B	C	X
D	N	A	L	L	O	R	R	D	C	X	S

Les prénoms: ______________________________

____

Solution: ____________________

Cherchez sur internet des informations sur les auteurs cachés ou servez-vous d'une histoire de la littérature. Travaillez à deux et présentez les résultats à vos camarades.

Des auteurs français II

Auch dieses Rätsel ist für den Einsatz in der Sekundarstufe II gedacht und vermittelt den Schülern einen gewissen Einblick in französische Literaturepochen, ohne sie durch allzu große Spezialisierung zu überfrachten.

X	A	C	F	G	H	O	A	L	M	N	A
C	X	A	B	N	I	L	O	L	B	R	C
V	O	M	J	G	O	L	P	S	A	A	E
Z	T	U	D	Z	S	O	P	G	G	H	M
R	E	S	V	N	P	L	O	C	X	A	A
U	T	I	O	P	H	N	H	D	S	A	L
P	O	I	Z	T	R	E	W	S	P	O	R
E	B	A	L	C	X	Y	M	A	B	V	A
O	R	T	E	W	Q	P	T	R	V	C	U
P	M	N	U	T	R	O	T	U	B	C	X
D	N	A	L	L	O	R	R	D	C	X	S

Les auteurs sont: **A**lbert Camus, **E**mile Zola, **L**ouis Aragon, **A**ndré Malraux, **M**arguerite Duras, **M**ichel Butor, **R**omain Rolland, **L**ouise Labé

Solution: **MALLARME**

Poème

Voici un poème d'Alfred de Musset (1810–1857), mais malheureusement un petit diable a mis les vers dans le désordre, excepté le premier vers. C'est à vous de reconstituer le poème.

1. J'ai perdu ma force et ma vie,
   J'ai cru que c'était une amie;
   Qui faisait croirc à mon génic.
   Quand je l'ai comprise et sentie,

2. J'ai perdu jusqu'à la fierté
   J'en étais déjà dégoûté.
   Et mes amis et ma gaîté;
   Quand j'ai connu la Vérité,

3. Dieu parle, il faut qu'on lui réponde.
   Et pourtant elle est éternelle,
   Le seul bien qui me reste au monde

4. Et ceux qui se sont passés d'elle
   est d'avoir quelquefois pleuré.
   Ici-bas ont tout ignoré.

1. Quelle est la forme du poème?
2. Faites des recherches sur l'auteur.
3. Quelle est l'idée centrale du poème?

Poème

Dieses Rätsel sollte in der SII eingesetzt werden und kann am Anfang oder am Ende einer Reihe über Lyrik oder lyrische Formen stehen.

J'ai perdu ma force et ma vie,
Et mes amis et ma gaîté;
J'ai perdu jusqu'à la fierté
Qui faisait croire à mon génie.

Quand j'ai connu la Vérité,
J'ai cru que c'était une amie;
Quand je l'ai comprise et sentie
J'en étais déjà dégoûté.

Et pourtant elle est éternelle,
Et ceux qui se sont passés d'elle
Ici-bas ont tout ignoré.

Dieu parle, il faut qu'on lui réponde.
Le seul bien qui me reste au monde
Est d'avoir quelquefois pleuré.

1. Un sonnet

2. Alfred de Musset est l'enfant terrible du romantisme. Il publia des poèmes, mais aussi des pièces de théâtre et des romans. On le considère comme le poète de la jeunesse, de la passion et de la fantaisie.
Les titres de ses recueils de poèmes sont: Premières Poésies (1829–1835) et Nouvelles Poésies (1835–1852). Il souffrait du „mal de vivre", maladie à la mode de cette époque-là.

3. L'idée centrale du poème est la tristesse comme justification du moi romantique. La Vérité est d'une grande importance pour l'homme qui en est dégoûté, mais qui, en même temps, a besoin d'elle pour déchiffrer les énigmes du monde.

Des auteurs et leurs oeuvres

Voici quelques extraits des auteurs suivants: Jean Anouilh (drame) – Jean de La Fontaine (fables) – Paul Eluard (poèmes) – Madame de Sévigné (lettres) – Jean Tardieu (théâtre de chambre). C'est à vous de coordonner les extraits aux auteurs. Ainsi, vous aurez l'ordre correct. Les initiales des noms de famille vous indiquent le nom d'une femme qui s'est beaucoup intéressée à l'Allemagne.

„Si je vous écrivais toutes mes rêveries, je vous écrirais toujours les plus grandes lettres du monde; mais cela n'est pas bien aisé; ainsi je me contente de ce qui se peut écrire, et je rêve tout ce qui se doit rêver: j'en ai le temps et le lieu."

____

Ismène: Tu es déjà levée? Je viens de ta chambre.
Antigone: Oui, je suis déjà levée.
La nourrice: Toutes les deux alors! ... Toutes leus deux vous allez devenir folles et vous lever avant les servantes?

____

Sur la branche d'un arbre était en sentinelle
Un vieux coq adroit et matois.
„Frère", dit un renard adoucissant sa voix,
„Nous ne sommes plus en querelle:
Paix générale cette fois."

____

La femme: Bonhomme de père, tu devrais prendre garde!
Il n'y a pas que la nuit dehors.
Le père: Que veux-tu dire?
La femme: Prends garde, prends garde!
(Bas.) Je crois qu'il y a un homme derrière la porte.

____

Sur mes cahiers d'écolier
Sur mon pupitre et les arbres
Sur le sable sur la neige
J'écris ton nom.

____

Solution: ____________________

Cherchez des informations sur cette femme.
Informez-vous sur les différents genres littéraires dont vous trouvez des exemples ici.
Quels autres genres littéraires connaissez-vous?

Des auteurs et leurs oeuvres

„Si je vous écrivais toutes mes rêveries, je vous écrirais toujours les plus grandes lettres du monde; mais cela n'est pas bien aisé; ainsi je me contente de ce qui se peut écrire, et je rêve tout ce qui se doit rêver: j'en ai le temps et le lieu.“

Madame de *S*évigné

Ismène: Tu es déjà levée? Je viens de ta chambre.
Antigone: Oui, je suis déjà levée.
La nourrice: Toutes les deux alors! ... Toutes leus deux vous allez devenir folles et vous lever avant les servantes?

Jean *A*nouilh

Sur la branche d'un arbre était en sentinelle
Un vieux coq adroit et matois.
„Frère“, dit un renard adoucissant sa voix,
„Nous ne sommes plus en querelle:
Paix générale cette fois.“

Jean de *L*a Fontaine

La femme: Bonhomme de père, tu devrais prendre garde!
Il n'y a pas que la nuit dehors.
Le père: Que veux-tu dire?
La femme: Prends garde, prends garde!
(Bas.) Je crois qu'il y a un homme derrière la porte.

Jean *T*ardieu

Sur mes cahiers d'écolier
Sur mon pupitre et les arbres
Sur le sable sur la neige
J'écris ton nom.

Paul *E*luard

Solution: **(Madame de) Staël**

Madame de Staël (1766–1817) était devenue célèbre par son brillant salon. Exilée par Napoléon, elle s'est retirée dans son château de Coppet. Dans son ouvrage principal, De l'Allemagne, elle décrit les moeurs, la littérature, les arts, la philosophie et la religion des Allemands et suggère la littérature romantique. Elle pense qu'il faut renverser les barrières littéraires qui séparaient jusqu'à son temps les différents pays.

Des auteurs et des termes littéraires

Voici des mots chiffrés qui concernent ou des noms d'auteurs français ou des termes littéraires. C'est à vous de les déchiffrer à l' aide des symboles suivants et d'un mot déjà déchiffré. Faites bien attention aux symboles.

♎ ❒ ♋ ❍ ♏ – DRAME

1. ❍ □ ● ♓ ♏ ❒ ♏ ______________________
2. □ ♎ ♏ ______________________
3. ■ ♏ ❒ ❖ ♋ ● ______________________
4. ♦ ❒ ♋ ♑ ♏ ♎ ♓ ♏ ______________________
5. ♒ ◆ ♑ □ ______________________
6. ♏ ● ◆ ♋ ❒ ♎ ______________________
7. ❒ □ ❍ ♋ ■ ______________________
8. ● □ ♦ ♓ ______________________
9. ♋ ❒ ♋ ♑ □ ■ ______________________
10. ■ □ ◆ ❖ ♏ ● ● ♏ ______________________
11. ♦ ♏ ❒ ♍ ♏ ♦ ______________________

Les initiales des mots trouvés, lues de haut en bas, indiquent le nom d' un auteur français.

Solution: ______________________

1. Cherchez d'autres termes littéraires. Faites un centre thématique en travaillant à deux.

2. Cherchez des informations sur l'auteur à trouver.

Des auteurs et des termes littéraires

Dieses Rätsel ist für einen Leistungskurs Französisch gedacht; es kann aber auch bei entsprechender Themenstellung oder Zielsetzung in einem Grundkurs verwendet werden.

1. ***M*OLIERE**
2. ***O*DE**
3. ***N*ERVAL**
4. ***T*RAGEDIE**
5. ***H*UGO**
6. ***E*LUARD**
7. ***R*OMAN**
8. ***L*OTI**
9. ***A*RAGON**
10. ***N*OUVELLE**
11. ***T*ERCET**

Les initiales des mots trouvés, lues de haut en bas, indiquent le nom d' un auteur français.

Solution: **MONTHERLANT**

1. drame, comédie, poème, sonnet, madrigal, ballade, art poétique, prose, épitaphe, acte, scène, élégie, satire, hymne, rondeau etc.

2. Henry de Montherlant (1896–1972), membre de l'Académie Française, a écrit des romans tels que „Le Songe", „Les Bestiaires" etc., mais surtout des pièces de théâtre qui sont devenues très célèbres telles que „La Reine morte", „Le maître de Santiago" ou „La ville dont le prince est un enfant". Son style est très classique et sentencieux. En 1972, il s'est suicidé.

Le style – Maupassant, La parure

Voici quelques citations provenant du conte „La parure" de Guy de Maupassant. Chaque citation contient un moyen rhétorique de la liste suivante. C'est à vous de trouver l'ordre correct. Les chiffres entre parenthèses qui se réfèrent au moyen stylistique indiquent les lettres qui désignent un autre élément stylistique. Ne tenez pas compte des accents.

comparaison (f) – exclamation (f) – antithèse (f) – anaphore (f) – hyperbole (f) – apostrophe (f) – énumération (f)

1. „Elle fut simple ne pouvant être parée, mais malheureuse." (7) ____________________
2. „J'ai eu une peine infinie à l'obtenir." (8) ____________________
3. „Oh! … ma pauvre Mathilde, **comme tu es changée!**" (4) ____________________
4. „Et elle pleurait de chagrin, de regret, de désespoir et de détresse." (9) ____________________
5. „**Ma pauvre Mathilde!** Mais la mienne (une rivière de diamants) était fausse." (2) ____________________
6. „… malheureuse comme une déclassée … vêtue comme une femme du peuple." (9) ____________________
7. „Elle souffrait sans cesse … Elle souffrait de la pauvreté de son logement … Elle songeait …" (8) ____________________

Le moyen stylistique est l' ____________________.

1. Expliquez le moyen stylistique à trouver.

2. Cherchez d'autres éléments rhétoriques en travaillant à deux et expliquez-les à vos camarades.

3. Cherchez dans le texte que vous êtes en train de lire d'autres exemples de moyens stylistiques.

Le style – Maupassant, La parure

Dieses Rätsel kann sowohl in einer Einführungsstunde, aber auch als Wiederholung oder Vertiefung einer Beschäftigung mit stilistischen Mitteln in den Kursen der Sekundarstufe II eingesetzt werden.

1. „Elle fut simple ne pouvant être parée, mais malheureuse." (7)	**antith*è*se**
2. „J'ai eu une peine infinie à l'obtenir." (8)	**hyperbo*l*e**
3. „Oh! … ma pauvre Mathilde, **comme tu es changée!**" (4)	**exc*l*amation**
4. „Et elle pleurait de chagrin, de regret, de désespoir et de détresse." (9)	**énumérat*i*on**
5. „**Ma pauvre Mathilde!** Mais la mienne (une rivière de diamants) était fausse." (2)	**a*p*ostrophe**
6. „… malheureuse comme une déclassée … vêtue comme une femme du peuple." (9)	**comparai*s*on**
7. „Elle souffrait sans cesse … Elle souffrait de la pauvreté de son logement … Elle songeait …" (8)	**anaphor*e***

Le moyen stylistique est «l'ellipse».

1. Une ellipse est l'omission de un ou de plusieurs mots dans une phrase que l'on peut quand même comprendre.

2. D'autres éléments stylistiques sont: la gradation, l'ironie (f), la métaphore, le paradoxe, la personnification, la question rhétorique, le symbole, le chiasme, une litote, un euphémisme, la métonymie etc.